Eduard Maria Oettinger

Die Weltgeschichte in einem Brief-Couvert

Historischgeographisches Handwörterbuch enthaltend die hervorragendsten

Ereignisse und Tatsachen der Weltgeschichte geordnet nach der Reihenfolge der

Städte

Eduard Maria Oettinger

Die Weltgeschichte in einem Brief-Couvert
Historischgeographisches Handwörterbuch enthaltend die hervorragendsten Ereignisse und Tatsachen der Weltgeschichte geordnet nach der Reihenfolge der Städte

ISBN/EAN: 9783743470118

Hergestellt in Europa, USA, Kanada, Australien, Japan

Cover: Foto ©ninafisch / pixelio.de

Manufactured and distributed by brebook publishing software (www.brebook.com)

Eduard Maria Oettinger

Die Weltgeschichte in einem Brief-Couvert

Die

WELTGESCHICHTE

in einem Brief-Couvert.

Historisch-geographisches Handwörterbuch

enthaltend

die hervorragendsten Ereignisse und Thatsachen

der Weltgeschichte

geordnet nach der Reihenfolge der Städte

von

Eduard Maria Oettinger,
Verfasser des »Moniteur des Dates.«

Leipzig

Verlag von Ludwig Denicke

1869.

Wir geben den Kern der Weltgeschichte.

Wenn man diese zahllosen Schlachten überschaut, wenn man bedenkt, wieviel Pulver unnütz verschossen, wieviel Blut unnütz vergossen worden ist, wenn man bedenkt, wie unzählig oft Friede geschlossen und wieder gebrochen worden ist, drängt sich wohl Jedem die Frage auf: Wann wird die Zeit kommen, wo alle Völker, einig mit sich und unter sich, den Entschluss fassen werden: **Wir wollen keine Kriege mehr! Wir sehnen uns endlich nach Frieden!**

Das Recht der Übersetzung in fremde Sprachen ist vorbehalten.

A.

Bei Angabe der Schlachten ist der **gesperrt-gedruckte** Theil als Derjenige zu betrachten, der den Sieg davon getragen hat.

Aach im Hegau (Stadt im badischen Seekreise). Gefecht am 25. März 1798 zwischen den **Franzosen** und Oesterreichern.

Aachen (Stadt in der preussischen Provinz Nieder-Rhein). Friede am 2. Mai 1668 zwischen Frankreich, Spanien und den Niederlanden. — Friede am 18. October 1748 zwischen Frankreich und Oesterreich (wodurch der oesterreichische Erbfolgekrieg beendet ward). — Congress vom 30. September bis 21. November 1818.

Aalborg (Stadt in Jütland). **Evangelische Union**, geschlossen am 4. November 1606 zwischen Pfalz-Baden, Anhalt, Ansbach, Culmbach und Württemberg.

Aarau (Stadt im schweizer Canton Aargau). Schlacht am 20. Juli 1712 zwischen den Unterwaldnern und **Bernern**. — Friede am 11. August 1712 zwischen der katholischen und der reformirten Schweiz.

Abensberg (Stadt in Nieder-Bayern). Schlacht am 20. April 1809 zwischen den **Franzosen, Bayern und Württembergern unter Napoleon** und den Oesterreichern unter Erzherzog Karl.

Åbo (Stadt in Finland). Friede am 7. August 1743 zwischen Russland und Schweden, welches einen Theil von Finland an Russland abtreten muss.

Abukir (Dorf bei Alexandria in Aegypten). Seeschlacht am 1. August 1798 zwischen den **Engländern unter Nelson** und den Franzosen unter Brueys. — Landschlacht am 25. Juli 1799 zwischen den **Franzosen unter Buonaparte** und den Türken unter Mustapha. — Zweite Landschlacht am 8. März 1801 zwischen den **Engländern unter Abercromby** und den Franzosen unter Buonaparte.

Achaguas (Ortschaft in Südamerika). Schlacht am 15. April 1819 zwischen **Bolivar** und den Spaniern.

Achalzik (Stadt in der asiatischen Türkei). Schlacht am 21. August 1828 zwischen den **Russen unter Paskewitsch** und den Türken unter Kios-Mamed und Mustapha-Pascha.

Actium (Vorgebirge und Stadt an der Westküste Griechenlands). Seeschlacht am 2. September 31 vor Christi Geburt zwischen **Octavianus Augustus** und Antonius.

Adda (Fluss in Italien). Schlacht am 11. October 490 zwischen den **Ostgothen unter König Theodorich** und den Herulern unter König Odoaker.

Adrianopel (Stadt in dem türkischen Ejalet Rum-Ili). Schlacht am 8. August 378 zwischen den **Gothen** und Römern unter Kaiser Valens. — Schlacht am 20. August 1829 zwischen den **Russen unter Diebitsch** und den Türken. — Friede am 19. September 1829 zwischen Russland und der Türkei.

Aggerhuus (Stadt in Norwegen). Schlacht im J. 1532 zwischen König Friedrich I. von Dänemark und König Christian II., welcher, in Gefangenschaft gerathen, nach Sonderburg gebracht wird.

Agnadello (Marktflecken bei Lodi in der Lombardei). Schlacht am 14. Mai 1509 zwischen den **Franzosen unter Ludwig XII.** und den Venezianern unter Leonardo Loredano. — Zweite Schlacht am 16. August 1705 zwischen den **Franzosen unter Vendôme** und den Oesterreichern unter Prinz Eugen von Savoyen.

Ahualusco (Ortschaft bei San-Luis in Mexiko). Schlacht vom 25. bis 29. September 1859 zwischen General Miramon und General Vidaurri.

Aigun (Ortschaft in China). Vertrag vom 28. Mai 1858 zwischen Russland und China, das an Ersteres das Amurgebiet abtreten muss.

Akjerman (Stadt in der russischen Provinz Bessarabien). Vertrag vom 6. October 1826 zwischen Russland und der Türkei.

Alais (Stadt im französischen Departement Gard). Friede am 27. Juni 1629 zwischen den Hugenotten und Katholiken, die den Erstern das Edict von Nantes (s. d.) bestätigen müssen.

Alamada (Ortschaft in Mexiko). Schlacht am 15. November 1815 zwischen den Spaniern und den Mexikanern unter Morelos.

Aland (Insel im Grossherzogthum Finland). Seeschlacht am 27. Juni 1714 zwischen der russischen Flotte unter Apraxin und der schwedischen unter Ehrenskjoeld.

Alba de Tormes (Stadt in der spanischen Provinz Salamanca). Schlacht am 29. November 1809 zwischen den Franzosen unter Kellermann und den Spaniern unter dem Herzog del Parque.

Albareto (Pass in Piemont). Schlacht am 20. September 1793 zwischen den Franzosen unter Kellermann und dem österreichisch-sardinischen Heere unter Devins.

Albuera (Dorf bei Badajoz in der spanischen Provinz Estremadura). Schlacht am 16. Mai 1811 zwischen den Engländern, Spaniern und Portugiesen unter Wellington und den Franzosen unter Soult.

Alcantara (Ortschaft in der spanischen Provinz Estremadura). Schlacht am 25. August 1580 zwischen den Spaniern unter Herzog Alba und den Portugiesen unter dem Grossprior Anton von Evora.

Alcolea (Ortschaft bei Andujar in der spanischen Provinz Jaen). Gefecht am 7. Juni 1808 zwischen den Franzosen unter General Dupont und den Spaniern unter Echevarria. — Gefecht am 29. September 1868 zwischen den Insurgenten und den Truppen der Königin Isabella unter Juan Juliano Pavia y Lacy, Marquis de Novaliches, der am 30. September zu Madrid an den Folgen seiner Wunden gestorben sein soll.

Aldenhofen (Marktflecken im preussischen Regierungsbezirk Aachen). Schlacht am 1. März 1793 zwischen den Oester-reichern unter Erzherzog Karl und den Franzosen unter Dumouriez.

Alegria (Ortschaft bei Vittoria in der spanischen Provinz Alava). Schlacht am 27. October 1834 zwischen den Carlisten unter Zumala-Carreguy und den Christinos unter Mina.

Aleppo oder **Haleb** (Stadt in Syrien). Schlacht am 24. August 1516 zwischen den Türken unter Selim I. und dem Sultan von Aegypten Kansu Gauri, der hier seinen Tod fand. — Zweite Schlacht am 6. Februar 1521 zwischen den Türken unter Soliman II. und dem Sultan Ghasali von Aegypten.

Alessandria (Stadt in Piemont). Vertrag vom 16. Juni 1800 zwischen den Franzosen unter Buonaparte und den Oesterreichern unter Melas.

Algier (Hauptstadt von Algerien). Convention vom 5. Juli 1830 wegen Uebergabe Algier's an die Franzosen unter Marschall Bourmont.

Aliwal (Ortschaft in Ostindien). Schlacht am 28. Januar 1846 zwischen den Engländern unter Hough Gough und den Sikhs.

Alkassar-el-Garbieh (Stadt in Marocco). Dreikönigsschlacht am 4. August 1578 zwischen Philipp II. von Spanien und Sebastian von Portugal, welcher auf dem Schlachtfelde blieb.

Allahabad (Stadt in Bengalen). Tractat vom 12. August 1765 zwischen dem Engländern unter Clive und dem Grossmogul, welcher Bengalen an England abtritt.

Allerheim am Ries (Dorf im bayer'schen Fürstenthum Oettingen-Wallerstein). Schlacht am 3. August 1645 zwischen den Franzosen unter Enghien und den Kayserlichen unter Mercy, der hier sein Leben verlor.

Alma (Fluss in der Krim). Schlacht am 20. September 1854 zwischen den Franzosen, Engländern und Italienern unter Marschall Saint-Arnaud und den Russen unter dem Fürsten Mentschikoff.

Almansa (Stadt bei Chinchilla in Spanien). Schlacht am 25. April 1707 zwischen dem französisch-spanischen Heere unter Berwick und dem englisch-österreichischen Heere unter Galloway.

Almansara (Fluss in Spanien). Schlacht am 4. November 1810 zwischen den Franzosen unter Sébastiani und den Spaniern unter Blake.

Almeida (Stadt in Portugal). Schlacht am 25. August 1810 zwischen den Fran-

zosen unter **Masséna** und den Spaniern. — Zweite Schlacht am 10. Mai 1811 zwischen dem englisch-portugiesischen Heere unter Wellington und den Franzosen unter Masséna.
Almenara (Dorf in der spanischen Provinz Catalonien). Schlacht am 27. Juli 1710 zwischen den Truppen König Karl's III. unter Starhemberg und den Anhängern Philipp's V.
Almonacid (Dorf in der spanischen Provinz Toledo). Schlacht am 11. August 1809 zwischen den Franzosen unter König Joseph und den Spaniern unter Vanegas.
Alnewik (Ortschaft in der englischen Grafschaft Northumberland). Schlacht am 3. November 1093 zwischen König Wilhelm dem Rothen und König Malcolm III. von Schottland.
Altafalla (Ortschaft in Catalonien). Schlacht am 23. Januar 1812 zwischen den Franzosen unter Lamarque und den Spaniern unter Eroles.
Altenberg (Hauptstadt des gleichnamigen Herzogthums). Kunz von Kauffungen's Prinzenraub in der Nacht vom 7. zum 8. Juli 1455. — Schlossbrand am 24. August 1864. — Zweiter Schlossbrand am 30. September 1868.
Altenkirchen (Marktflecken auf der Insel Rügen). Schlacht am 4. Juni 1795 zwischen den Franzosen unter Kleber und den Oesterreichern unter Erzherzog Karl. — Zweite Schlacht am 19. September 1796 zwischen den Oesterreichern unter Erzherzog Karl und den Franzosen unter Jourdan.
Altheim am Ries (Marktflecken bei Ulm in Württemberg). — Gefecht am 7. April 1372 zwischen dem schwäbischen Städtebund und dem Grafen Eberhard von Württemberg.
Alt-Ranstaedt (Dorf im preussischen Regierungsbezirk Merseburg). Friede am 24. September 1706 zwischen König Karl XII. von Schweden und Kurfürst August I., wodurch Letzterer die polnische Krone verliert.
Alva de Termes, siehe Alba de Tormes.
Amasia (Stadt im türkischen Ejalet Siwas). Friede am 29. Mai 1555 zwischen der Türkei und Persien.
Amberg (Stadt in der bayer'schen Oberpfalz). Gefecht am 24. August 1796 zwischen den Oesterreichern unter Erzherzog Karl und den Franzosen unter Jourdan.
Amboise (Stadt im französischen Departement Indre-et-Loire): Edict vom 12. März 1563, durch welches die Religionsfreiheit der Hugenotten beschränkt ward.
Amboten (Schloss in Kurland). Schlacht im J. 1247 zwischen dem deutschen Orden unter Heinrich v. Hohenlohe und den Litthauern.
Amiens (Hauptstadt des französischen Departement Somme). Friede am 27. März 1802 zwischen Frankreich, England, Spanien und der batavischen Republik.
Ampfing (Dorf in Ober-Bayern). Schlacht am 1. December 1800 zwischen den Oesterreichern und Franzosen.
Amselfeld (Thal in Serbien). Schlacht am 17. 18. und 19. October 1389 zwischen den Türken unter Amurat I. und den Serbiern unter König Bazar, welcher gefangen genommen und gleich darauf hingerichtet ward. — Zweite Schlacht im J. 1448 zwischen den Türken unter Amurat II. und den Ungarn unter Hunyadi.*)
Amstaedten (Marktflecken in Ober-Oesterreich). Gefecht am 5. November 1805 zwischen den Franzosen unter Murat und dem oesterreichisch-russischen Heere unter Bagration.
Anagni (Stadt im Kirchenstaat). Friede im J. 1295 zwischen Frankreich und Aragonien.
Ancenis (Marktflecken im französischen Departement Loire). Vergleich vom 6. September 1468 zwischen Frankreich und dem Herzog Franz II. von der Bretagne.
Ancrum (Dorf in der schottischen Grafschaft Roxburgh). Treffen im J. 1544 zwischen den Schotten und Engländern unter Lennox.
Ancyra (Stadt in Sicilien). Schlacht am 20. Juli 1402 zwischen Tamerlan und dem türkischen Sultan Bajazet I.
Andernach (Stadt im preussischen Regierungsbezirk Koblenz). Schlacht am 8. October 876 zwischen Karl dem Kahlen und den drei Söhnen Ludwig's des Deutschen.
Anderlecht (Flecken in der belgischen Provinz Süd-Brabant). Gefecht am 14. November 1792 zwischen den Franzosen unter Dumouriez und den Alliirten.
Angostura (Hauptstadt von Carracas). Congress am 13. Februar 1819, durch den Neugranada und Venezuela als Republik anerkannt werden.
Antietam (Ortschaft im nordamerikanischen Staat Virginia). Schlacht am 16.

---

*) Auch Schlacht bei Kossowa genannt.

und 17. September 1862 zwischen den Unionisten und den Conföderirten, die sich über den Potomac zurückziehen.

Antwerpen (Hauptstadt der belgischen Provinz gleichen Namens). Zwölfjähriger Waffenstillstand am 9. April 1609 zwischen den Niederländern und Spaniern. — Barrière-Vertrag vom 15. November 1715 zwischen Holland und Oesterreich, welches an Ersteres jährlich 500,000 Thaler zahlt. — Aufhebung dieses Vertrages am 7. November 1781. — Uebergabe der Citadelle an die Franzosen am 24. December 1832.

Apenrade (Stadt in Schleswig). Gefecht am 30. März 1848 zwischen den Preussen unter Wrangel und den Dänen.

Aphrie (Ortschaft in Irland). Schlacht am 13. Juli 1691 zwischen den Engländern unter Ginkel und den Franzosen.

Aquae Sextiae (das jetzige Aix in der Provence). Schlacht im J. 102 vor Christus zwischen den Römern unter Marius und den Cimbern.

Aranjuez (Schloss in der spanischen Provinz Toledo). Vertrag vom 1. Juni 1752 zwischen Oesterreich, Spanien und Sardinien. — Zweiter Vertrag vom 12. April 1772 zwischen Frankreich und Spanien gegen die Engländer in Amerika. — Aufstand am 18. März 1808: König Karl IV. dankt zu Gunsten seines Sohnes Ferdinand ab.

Arbatschai (Ortschaft im russischen Armenien). Schlacht am 14. Juni 1735 zwischen den Persern und Russen. — Zweite Schlacht am 18. Juni 1807 zwischen den Russen unter General Gudowitsch und den Türken unter dem Seraskier Jussuf.

Arbero (Dorf im schweizer Canton Tessin). Schlacht am 30. Juni 1422 zwischen den Schweizern und den Mailändern unter Carmagnola.")

Arbela**) (Stadt in Assyrien). Schlacht im J. 331 vor Christus zwischen Alexander den Grossen und Darius.

Arcis-sur-Aube (Stadt im französischen Departement Aube). Schlacht am 20. und 21. März 1814 zwischen den Verbündeten unter Schwarzenberg und den Franzosen unter Napoleon.

Arcole (Marktflecken bei Verona). Schlacht am 15. 16. und 17. November 1796 zwischen den Franzosen unter Napoleon und den Oesterreichern unter Alvinczy.

Arequibo (Stadt in Peru). Schlacht im J. 1823 zwischen den Spaniern unter Canterac und den Peruanern.

Aresch (Stadt in Persien). Schlacht am 21. November 1578 zwischen den Persern unter dem Kronprinzen Hamsa Mirza und den Türken.

Argaum (Ortschaft in Ostindien). Schlacht am 29. November 1803 zwischen den Engländern unter Wellington und den Mahratten.

Arnaut-Kaleei (Ortschaft bei Sophia in der europäischen Türkei). Schlacht am 17. October 1829 zwischen den Russen unter Geismar und den Albanesen.

Arnay-sur-Arroux (Stadt im französischen Departement Côte-d'Or). Schlacht am 27. Juni 1576 zwischen den Hugenotten unter Coligni und den Katholiken unter Arthur de Cossé.

Aropiles (Dorf bei Salamanca in Spanien). Schlacht am 22. Juni 1812 zwischen den Engländern unter Wellington und den Franzosen unter Marmont.

Arras (Stadt im französischen Departement Pas-de-Calais). Friede am 22. September 1435 zwischen König Karl VII. von Frankreich und Herzog Philipp dem Guten von Burgund. — Zweiter Friede am 23. September (oder December) 1482 zwischen König Ludwig XI. von Frankreich und den Ständen der Niederlande, welche Artois an Frankreich abtreten.

Arroyo Grande (Ortschaft in der südamerikanischen Republik Montevideo). Schlacht am 6. December 1842 zwischen den Truppen von Buenos-Ayres unter Oribe und den Truppen von Uruguay unter dem Präsidenten Rivera.

Arroyo Verde (Ortschaft in der südamerikanischen Republik Montevideo). Seeschlacht am 14. August 1842 zwischen der Flotte des Commodore Garibaldi und jener des Admirals Brown.

Aschraf (Städtchen in Persien). Friede am 3. October 1727 zwischen der Türkei und Persien.

Askalon (zwischen Gaza und Asdod). Schlacht am 12. August 1099 zwischen den Kreuzfahrern unter Gottfried von Bouillon und den Aegyptern.

Aspern (Dorf am Manhardsberge bei Wien). Schlacht am 21. und 22. Mai

---

*) Diese Schlacht wird von den Schweizern Schlacht von Sanct-Paul genannt, weil sie am Tage dieses Heiligen geschlagen worden ist.

**) Das jetzige Arbil in der asiatischen Türkei.

1809 zwischen den Oesterreichern unter Erzherzog Karl und den Franzosen unter Napoleon.

Aspeytia (Ortschaft bei Tolosa in der spanischen Provinz Guipuzcoa). Schlacht am 6. November 1833 zwischen den Carlisten unter Zumala-Carreguy und den Truppen der Königin Christine von Spanien.

Aspromonte (Ortschaft in Sardinien). Schlacht am 29. August 1862 zwischen den Sardiniern unter Pallavicini und den Freischaaren unter Garibaldi, der hier verwundet wird.

Asseiceira (Dorf bei Tomar in Portugal). Schlacht am 15. Mai 1834 zwischen den Truppen des Dom Pedro I. unter Terceira und Rodil und dem Heere Don Miguel's, welcher Tags darauf Portugal räumen musste.

Assington (Ortschaft bei Cambridge in England). Schlacht im J. 1066 zwischen den Dänen unter König Canut und den Engländern unter König Edmund Ironside.

Assye (Dorf in Ostindien). Schlacht am 23. September 1803 zwischen den Engländern unter Wellesley (Wellington) und den Mahratten.

Astod (Ortschaft in Ungarn). Schlacht am 4. April 1849 zwischen den Ungarn unter Goergei und den Oesterreichern unter Schlick.

Athen (Hauptstadt des Königreichs Griechenland). König Otto nimmt die neue griechische Verfassung an am 30. März 1844. — Ausbruch der Revolution in der Nacht vom 22. zum 23. October 1862. — Bildung einer provisorischen Regierung, bestehend aus dem Senator Bulgaris, dem Admiral Kanaris und Rufos, dem Präsidenten der provisorischen Regierung in Patras

Auerstaedt (Dorf im preussischen Regierungsbezirk Merseburg). Schlacht am 14. August 1806 zwischen den Franzosen unter Davout und den Preussen unter Herzog Karl von Braunschweig, der hier tödtlich verwundet wurde.

Augsburg (Stadt in Bayern). Eröffnung des Reichstags am 25. Juni 1530. — Zweiter Religionsfriede, geschlossen am 26. September 1555.*) — Allianz am 21. Juli 1686 zwischen Oesterreich, Holland, Schweden, Brandenburg und Bayern.

Auray (Stadt im französischen Departement Morbihan). Schlacht im J. 1364 zwischen dem Grafen Johann von Montfort und Karl von Blois, welcher hier erstochen ward.

Aussig (Stadt bei Leitmeritz in Böhmen). Schlacht am 5. Juni 1426 zwischen den Hussiten und den Meissnern.

Austerlitz (Stadt in Mähren). Schlacht am 2. December 1805 zwischen den Franzosen unter Napoleon und den Oesterreichern und Russen unter Kaiser Alexander und Kutusow.

Avignon (Stadt im französischen Departement Vaucluse). Sitz der sieben Päpste Clemens V., Johann XXII., Benedict XII., Clemens VI., Innocenz VI., Urban V. und Gregor XI. vom Jahre 1309 bis 1377.

Ayacucho (Stadt in Peru). Schlacht am 9. December 1824 zwischen den Liberalen unter Sucre und den Spaniern.

Azincourt (Dorf im französischen Departement Pas-de-Calais). Schlacht am 25. October 1415 zwischen den Engländern unter König Heinrich V. und den Franzosen unter dem Connétable d'Albret, der auf dem Schlachtfelde blieb.

B.

Babadag (Stadt im türkischen Sandschak Silistrin). Schlacht am 20. August 1624 zwischen dem Khan Muhammed von der Krim und dem türkischen Heere unter Kapudan Pascha. — Eroberung des türkischen Lagers durch die Russen unter General Weismann am 30. October 1771.

Badajoz (Stadt in der spanischen Provinz Estremadura). Schlacht am 7. Mai 1709 zwischen den Spaniern unter Marquis de Bay und der österreichischen Partei unter Galloway. — Friede am 6. Juni 1801 zwischen Spanien und Portugal (Letzteres tritt Olivenza an Spanien ab). — Eroberung von Badajoz durch die Engländer unter Picton am 7. April 1812.

Baden (Stadt bei Wien). Uebertritt des Kurfürsten Friedrich August I. von Sachsen zur katholischen Kirche am 23. Mai 1697.

Baden (Stadt im schweizer Canton Aargau). Friede am 7. September 1714 zwischen Frankreich und dem deutschen Reiche.

Balaclava (Ortschaft in der Krim).

---

*) Vergl. Nürnberg.

Schlacht am 26. October 1854 zwischen dem französisch-englischen Heere unter Lacy Evans und den Russen unter Liprandi.

Balta-Liman (Bai im Bosporus). Vertrag vom 1. Mai 1849 zwischen Russland und der Türkei bezüglich der Moldau und Walachei.

Baltischport (Stadt am Rogerwyk in der russischen Provinz Esthland). Seeschlacht am 26. August 1808 zwischen der schwedischen Flotte und der russischen.

Bannockburn (Dorf bei Stirling in Schottland). Schlacht am 24. Juli 1314 zwischen den Schotten unter Bruce und den Engländern. — Zweite Schlacht am 11. Juni 1488 zwischen König Jakob III. und seinen Unterthanen, die den Sieg davontragen.

Bar-sur-Aube (Ortschaft im französischen Departement Aube). Schlacht am 27. Februar 1814 zwischen den Alliirten unter Schwarzenberg und den Franzosen unter Macdonald und Oudinot.

Barbastre (Flecken bei Noirmoutiers im französischen Departement Vendée). Schlacht am 11. October 1793 zwischen den Vendéern unter Charette und den Republikanern. — Schlacht am 3. Januar 1794 zwischen den Republikanern und Vendéern.

Barnet (Stadt in der englischen Grafschaft Hertford). Schlacht am 14. April 1471 zwischen König Eduard IV. und Heinrich VI., der in Gefangenschaft gerieth und wobei Warwick ums Leben kam.

Barossa (Ortschaft in Spanien). Schlacht am 5. März 1811 zwischen den Engländern unter Wellington und den Franzosen unter Soult.

Basel (Hauptstadt des schweizer Cantons gleichen Namens). Concil, eröffnet am 23. Juli 1431, geschlossen im J. 1443. — Friede am 5. April 1795 zwischen Frankreich und Preussen. — Friede am 22. Juli 1795 zwischen Frankreich und Spanien. (Ersteres erhält San Domingo.)

Basentello (Stadt im Königreich Neapel). Schlacht am 13. Juli 982 zwischen den Griechen und Arabern und dem römisch-deutschen Kaiser Otto II.

Basignana (Marktflecken in der piemontesischen Provinz Alessandria). Schlacht im J. 1745 zwischen den Spaniern und Piemontesen.

Bassano (Stadt in der lombardisch-venezianischen Delegation Vicenza). Schlacht am 8. September 1796 zwischen den Franzosen unter Buonaparte und den Oesterreichern unter Wurmser.

Battin (Dorf im türkischen Sandschak Nikopolis). Schlacht am 26. September 1810 zwischen den Russen unter Kamenskoi und den Türken unter Muktar-Pascha.

Bautzen (Stadt in der sächsischen Lausitz). Schlacht am 20. und 21. Mai 1813 zwischen den Franzosen unter Napoleon und dem russisch-preussischen Heere unter Barclay de Tolly.

Beachy-Head (Vorgebirge in der englischen Grafschaft Sussex). Seeschlacht am 1. Juli 1690 zwischen der französischen Flotte und der englisch-holländischen unter Torrington.

Beaujeu (Stadt im französischen Rhône-Departement). Schlacht am 22. März 1421 zwischen den Franzosen unter der Jungfrau von Orléans und den Engländern unter Talbot.

Beiburt (Ortschaft in der Türkei). Schlacht am 7. October 1829 zwischen den Russen unter Paskewitsch und den Türken unter dem Seraskier.

Belgrad (Stadt im Fürstenthum Serbien). Schlacht am 21. Juli 1456 zwischen den Ungarn unter Johann Hunyadi und den Türken unter Mahomed II. — Friede am 18. September 1739 zwischen den Türken und Oesterreichern. — Ewiger Friede am 29. December 1739 zwischen Russland und der Türkei.

Belmont (Dorf im nordamerikanischen Staate Kentucky). Schlacht am 1. November 1861 zwischen den Conföderirten unter General Pillow und den Unionisten unter General Grant.

Belsig (Stadt im preussischen Regierungsbezirk Potsdam). Schlacht am 27. August 1813 zwischen den Russen unter Tschernitscheff und den Franzosen unter Gérard.

Benevento (Stadt im Kirchenstaat). Schlacht am 26. Februar 1266 zwischen Karl von Anjou und König Manfred von Sicilien, der hier auf dem Schlachtfelde blieb.

Berestecsko (Stadt in Volhynien). Schlacht am 28., 29. und 30. Juni 1651 zwischen den Polen unter Nikolaus Potocki und den Russen.

Beresina (Fluss im russischen Gouvernement Minsk). Schlacht am 26. November 1812 zwischen den Russen unter Wittgenstein und den Franzosen unter Napoleon.

Bergara, siehe **Vergara**.

Bergen (Marktflecken in Hessen-Kassel). Schlacht am 13. April 1759 zwischen den Franzosen unter Marschall Broglio und den Verbündeten unter Herzog Ferdinand von Braunschweig.
Bergen (Dorf bei Alkmaar in Holland). Gefecht am 19. September 1799 zwischen den Franzosen unter General Brune und der englisch-russischen Armee unter dem Herzog von York.
Bergen-op-Zoom (Stadt in der holländischen Provinz Nordbrabant). Schlacht am 9. März 1814 zwischen den Holländern und den Engländern unter Goore.
Berlin (Hauptstadt des Königreichs Preussen). Definitiv-Friede am 28. Juli 1742 zwischen König Friedrich II. und der Kaiserin Maria Theresia. (Ersterer erhält Schlesien.) — Einzug der Franzosen, unter Davout, am 27. October 1806. — Allgemeines Concil von 151 deutsch-katholischen Gemeinden am 25. Mai 1847. — Barrikadenkampf am 18. März 1848.
Bethel-Church (Ortschaft bei Hampton im nordamerikanischen Staate Virginia). Schlacht am 9. Juni 1861 zwischen den Conföderirten unter General Magruder und den Unionisten unter General Buttler und Obrist Pierce.
Bialolenka (Ortschaft in Polen). Schlacht am 31. März 1831 zwischen den Polen unter Skrzynecki und den Russen unter Geismar.
Biberach (Stadt im württembergischen Donaukreise). Schlacht am 9. Mai 1800 zwischen den Franzosen unter Moreau und den Oesterreichern unter Kray.
Bicocca (Dorf bei Mailand). Schlacht am 22. April 1522 zwischen den Franzosen unter Lautrec und den Schweizern.
Bidassoa (Grenzfluss zwischen Spanien und Frankreich). Schlacht am 31. August 1813 zwischen den Spaniern und Franzosen unter Soult.
Bilbao (Stadt in der spanischen Provinz Biscaya). Schlacht am 6. Januar 1813 zwischen den Franzosen unter Soult und den Spaniern.
Bithur (Ortschaft in Ostindien). Schlacht am 16. August 1857 zwischen den Engländern unter Havelock und den Sipahis unter Nena Sahib.
Bitonto (Stadt in der neapolitanischen Provinz Bari). Schlacht am 27. März 1734 zwischen den Spaniern und Oesterreichern.
Blackironside (Wald in Schottland).

Schlacht am 12. Juni 1298 zwischen den Schottländern unter William Wallace und den Engländern unter dem Grafen von Pembroke.
Blois (Stadt im französischen Departement Loire-et-Cher). Vertrag vom 15. April 1499 zwischen Frankreich und der Republik Venedig. — Zweiter Vertrag vom 22. September 1504 zwischen Ludwig XII. und dem Erzherzog Philipp. — Dritter Vertrag vom 7. November 1510 zwischen König Ludwig XII. und Kaiser Maximilian I. — Vierter Vertrag vom 14. März 1513 zwischen Frankreich und Venedig.
Blore-Head (Dorf in der englischen Grafschaft Stafford). Schlacht am 23. September 1459 zwischen der weissen Rose unter dem Earl of Salisbury und der rothen Rose unter König Heinrich VI. und Audley.
Boeblingen (Stadt im württembergischen Neckarkreise). Schlacht am 2. Mai 1525 zwischen den schwäbischen Kreistruppen und den aufrührerischen Bauern.
Boeletsch! (Ortschaft in der Türkei). Schlacht am 28. September 1828 zwischen den Russen unter General Geismar und den Türken unter dem Pascha von Widdin.
Bogesund*) (Stadt in der schwedischen Provinz Wenersborg). Schlacht am 19. Januar 1520 zwischen König Christian II. von Dänemark und dem schwedischen Reichsverweser Sten Sture.
Bolivia (südamerikanische Republik). Erste Verfassung vom 25. August 1826. — Zweite Verfassung vom 1. Mai 1837.
Bologna (Stadt im Kirchenstaate). Zusammenkunft am 10. December 1516 zwischen Papst Leo X. und König Franz I. von Frankreich. — Friede am 1. Januar 1530 zwischen Papst Clemens VII. und der Republik Venedig, welche Ravenna und Cervia verliert. — Heimlicher Uebertritt des Kurfürsten Friedrich August III. zur katholischen Kirche am 12. November 1712.**) — Aufstand am 5. Februar 1831. — Einrücken der Oesterreicher unter General Grabowski am 28. Januar 1832.
Bolund-Schuhur (Ortschaft in Ostindien). Schlacht am 27. September 1857 zwi-

---

*) Zu Ehren der Königin Ulrike Eleonore wurde diese Stadt in Ulricähamn umgetauft.
**) Oeffentlich that er diesen Schritt erst 1717 in Wien.

schen den Engländern unter Obrist Edward Greathed und den Rebellen.

Booneville (Ortschaft im nordamerikanischen Staate Missouri). Schlacht am 18. Juni 1861 zwischen den Unionisten unter General Lyon und den Conföderirten von Missouri unter General Jackson, der die Flucht ergreift.

Bootsville (Ortschaft im nordamerikanischen Staate Missouri). Schlacht am 19. Juni 1861 zwischen den Unionisten und Conföderirten von Missouri.

Borissow (Stadt im russischen Gouvernement Minsk). Schlacht im J. 1514 zwischen den Polen unter König Sigismund und den Russen.

Bornhoeved (Dorf in Holstein). Schlacht im J. 1227 zwischen dem Grafen Adolph IV. von Holstein und König Waldemar II. von Dänemark. — Schlacht am 7. December 1813 zwischen den Russen und Dänen.

Borodino (Dorf im russischen Gouvernement Moskau). Schlacht am 7. September 1812 zwischen den Franzosen unter Napoleon und den Russen unter Kutusow.

Bosworth (Marktflecken in der englischen Grafschaft Leicester). Schlacht am 22. August 1485 zwischen dem Grafen von Richmond (nachmaligem König Heinrich VII.) und König Richard III., der hier sein Leben verlor.

Bouchain (Städtchen im französischen Departement Nord). Gefecht am 7. Mai 1794 zwischen den Franzosen und Alliirten.

Boulogne (Stadt im französischen Departement Pas-de-Calais). Attentat des Prinzen Louis Napoleon am 6. August 1840. (Vergleiche Strassburg und Ham.)

Beussu (Marktflecken und Schloss*) bei Mons in der belgischen Provinz Hainaut). Gefecht am 4. November 1792 zwischen den Franzosen und Oesterreichern.

Bovey-Tracy (Marktflecken in der englischen Grafschaft Devon). Schlacht im J. 1646 zwischen den Parlamentstruppen und den Royalisten.

Bovines (Dorf bei Lille im französischen Departement Nord). Schlacht am 27. Juli 1214 zwischen den Franzosen unter König Philipp II. August und den Deutschen unter Kaiser Otto IV. — Zweite Schlacht am 17. Mai 1794 zwischen den Franzosen und Oesterreichern unter Kinsky.

Bovino (Stadt in der neapolitanischen Provinz Capitanata). Schlacht im J. 1734 zwischen den Oesterreichern und Spaniern.

Boyacca (Stadt im südamerikanischen Freistaat Neu-Granada). Schlacht am 2. August 1819 zwischen den Südamerikanern unter Bolivar und den Spaniern unter Barregero, der hier in Gefangenschaft gerieth.

Boyne (Fluss in Irland). Schlacht am 11. Juli 1690 zwischen Wilhelm III. von Oranien und seinem Schwiegervater, König Jakob II. von England (Letzterer flieht nach Frankreich).

Braddock (Stadt in Canada). Schlacht am 9. Juli 1755 zwischen den Engländern und Nordamerikanern.

Braemus-Hoehlen (bei Saratoga im nordamerikanischen Staate Albany). Schlacht am 7. October 1777 zwischen den Nordamerikanern unter Washington und den Engländern unter Bourgoyne.

Braila oder Brailow (Stadt im türkischen Ejalet Rum-Ili). Schlacht am 28. Januar 1770 zwischen den Russen unter Rumjanzoff und den Türken.

Brandywyne (Fluss im nordamerikanischen Staate Delaware). Schlacht am 13. September 1777 zwischen den Engländern und Nordamerikanern.

Braunschweig (Hauptstadt des gleichnamigen Herzogthums). Volksaufstand und Flucht des Herzogs Karl am 7. September 1830. Das Schloss geht in Flammen auf*).

Breda (Stadt in der holländischen Provinz Nord-Brabant). Compromiss vom 16. Februar 1565, welcher auf Abschaffung der Inquisition und auf religiöse Duldung drang**). — Friede am 31. Juli 1667 zwischen England, Holland, Frankreich und Dänemark. — Schlacht am 25. Februar 1793 zwischen den Franzosen unter Dumouriez und den Alliirten. — Zweite Schlacht am 15(?) December 1813 zwischen den Russen unter Benkendorf und den Franzosen. — Dritte Schlacht

---

*) Auf allen Wänden des Schlosses liest man die geheimnissvollen Worte: „Il y sera bossu, il y sera bossu", deren Sinn bis heute noch Niemand enträthselt hat.

*) Die guten Braunschweiger mussten dafür ein weit schöneres bauen; ein Fingerzeig, dass das Anzünden fürstlicher Schlösser ein kostspieliger und schon darum unnützer Luxus ist.
**) Der Erste, der dieses Compromiss unterzeichnete, war Graf Heinrich v. Brederode. Ihm schlossen sich 400 andere Edelleute an, aus denen später der Geusenbund hervorging.

am 11. Januar 1814 zwischen den **Preussen** unter **Buelow** und den Franzosen.
Bregenz (Stadt in der Grafschaft Tyrol). **Tractat** vom 11. October 1850 zwischen Oesterreich, Bayern und Württemberg (gegen Preussen).
Breisach (Stadt im baden'schen Oberrheinkreise). **Schlacht am 14. October 1638** zwischen den **Franzosen** unter Herzog **Bernhard** von Sachsen-Weimar und der österreichisch-bayer'schen Armee.
Breitenfeld (Dorf bei Leipzig). **Schlacht am 7. September 1631** zwischen den **Schweden** unter König **Gustav Adolph** und den Kaiserlichen unter Tilly. — **Zweite Schlacht am 2. November 1642** zwischen den **Schweden** unter **Torstenson** und den Kaiserlichen unter Erzherzog Leopold und General Piccolomini. — **Dritte Schlacht am 16. October 1813** zwischen den **Alliirten** und den Franzosen unter Napoleon.
Brentford (Marktflecken in der englischen Grafschaft Middlesex). **Schlacht im J. 1016** zwischen den **Engländern** unter König **Edmund Ironside** und den Dänen unter König Canut II. — **Zweite Schlacht im J. 1642** zwischen König **Karl I.** und den Truppen des Parlaments.
Brescello (Stadt im Herzogthum Modena). **Schlacht am 20. Mai 1427** zwischen der **venezianischen** Flotte unter **Bembo** und der mailändischen und dem Landheere unter Niccolò Piccinino.
Breslau (Hauptstadt des Herzogthums Schlesien). **Präliminar-Friede vom 11. Juni 1742** zwischen Preussen und Oesterreich. — **Schlacht am 22. November 1757** zwischen den **Oesterreichern** unter Prinz **Karl** von Lothringen und den Preussen unter Herzog Ferdinand von Braunschweig-Bevern, welcher in Gefangenschaft geräth. — **Capitulation vom 5. Januar 1807**, nach welcher sich Breslau den Franzosen ergiebt. — **Volksauflauf am 6. und 7. Mai 1849**.
Bressuire (Stadt im französischen Departement Deux-Sèvres). **Gefecht am 11. October 1793** zwischen den **Republikanern** unter Westermann und den Vendéern.
Brest (Stadt im französischen Departement Finisterre). **Seeschlacht am 1. Juni 1794** zwischen den **Engländern** unter **Howe** und den Franzosen unter Villaret-Joyeux.
Bretigny (Dorf im französischen Departement Eure-et-Loire). **Vertrag vom 8. Mai 1360** zwischen König **Karl V.** von Frankreich und König Johann von Navarra.
Brienne (Marktflecken im französischen Departement Aube). **Schlacht vom 31. Januar und 1. Februar 1814** zwischen den **Alliirten** unter **Bluecher** und den Franzosen unter Napoleon.
Brissac (Stadt im französischen Departement Maine-et-Loire). **Schlacht im J. 1067** zwischen **Gottfried dem Bärtigen** und dessen Bruder Fulko dem Zänker.
Broemsebroe (Schloss in der schwedischen Provinz Calmar). **Friede am 13. Juli 1645** zwischen König **Karl X.** von Schweden und König Christian IV. von Dänemark, welcher Jemtland, Gothland und Oesel verliert und Lalland auf 21 Jahre an Schweden abtreten muss.
Bromberg (Stadt im Grossherzogthum Posen). **Vertrag vom 26. November 1676** zwischen Brandenburg und Polen.
Bronsell (Dorf bei Fulda im Kurfürstenthum Hessen). **Gefecht am 8. November 1850** zwischen den preussischen Truppen unter Groeben und den bayer'schen Truppen unter dem Fürsten von Thurn und Taxis*).
Brookland (Ortschaft auf Long-Island in Nordamerika). **Schlacht am 27. August 1776** zwischen den **Engländern** und **Hessen** unter Howe und den Nordamerikanern unter Sullivan.
Bruck an der Leitha (Ortschaft in Ungarn). **Friede im J. 1260** zwischen König **Ottokar** von Böhmen und König Bela von Ungarn.
Bruderholz (Gehölz bei Basel in der Schweiz). **Gefecht am 22. März 1499** zwischen den **Schweizern** und Oesterreichern.
Brunx (Stadt im böhmischen Kreise Saatz). **Schlacht am 15 (?) August 1421** zwischen den **Sachsen** unter Friedrich dem Streitbaren und den Hussiten unter Ziska.
Bruessel (Hauptstadt des Königreichs Belgien). **Volksaufstand am 25. August 1830**.
Brunkeberg (Berg bei Stockholm). **Schlacht im J. 1471** zwischen den **Schweden** unter Sten Sture und den Dänen unter Christian I., der hier verwundet ward.
Brunnen (Marktflecken im schweizer Canton Schwyz). **Ewiger Bund**, geschlossen am 8. December 1315 von den drei Urcantonen Schwyz, Uri und Unterwalden.
Brusa (Stadt im türkischen Ejalet Ana-

---

*) Eine wahre Satire auf alle Schlachten, ist sie sprüchwörtlich geworden durch einen Schimmel, der dabei gefallen sein soll.

doli). **Vertrag** vom 27. September 1617 zwischen den Türken und Polen.

Brzesk (Stadt im russischen Gouvernement Grodno). **Friede** im J. 1435 oder 1436 zwischen den Polen unter Grossfürst Sigismund und dem deutschen Orden. — **Schlacht** am 19. September 1794 zwischen den Russen unter Suwarow und den Polen unter Sierakowski.

Buczacz (Ortschaft in der Ukraine). **Friede** am 18. September 1672 zwischen der Türkei und Polen, welches Kaminiec, Podolien und die Hälfte der Ukraine den Türken überlassen muss.

Buena-Vista (Ortschaft in Mexiko). **Schlacht** am 22. und 23. Februar 1847 zwischen den Nordamerikanern unter Taylor und den Mexikanern unter Santana.

Buffalora (Marktflecken in der lombardischen Provinz Pavia). **Schlacht** am 23. Juni 1636 zwischen den Franzosen unter Marschall Créqui und den Kaiserlichen.

Bukarest (Hauptstadt der Walachei). **Schlacht** am 30. October 1771 zwischen den Russen unter Essen und den Türken unter Mussan-Oglu. — **Friede** im J. 1773 zwischen Russland und der Türkei, welche die Walachei zurück erhält. — **Friede** am 28. Mai 1812 zwischen Russland und der Türkei, welche Bessarabien und den dritten Theil der Moldau an Russland abtreten muss.

Bulandscheher (Ortschaft in Ostindien). **Schlacht** am 29. September 1857 zwischen den Engländern unter General Greathed und den Sipahis.

Bulgnéville (Ortschaft in Frankreich). **Schlacht** am 2. Juli 1431 zwischen Antoine de Vaudemont und dem Herzoge René d'Anjou, der hier in Gefangenschaft gerieth.

Bull-Sir-Kooneh (Ortschaft in Ostindien). **Schlacht** am 30. April 1858 zwischen den Engländern unter Hugh Rose und den Sipahis.

Bulls Run (Fluss an der nördlichen Grenze von Williams County in Nordamerika). **Schlacht** am 21. Juli 1861 zwischen den Conföderirten unter Beauregard und den Unionisten unter Mac Dowell.

Bunkershill (Hügel bei Boston in Nordamerika). **Schlacht** am 17. Juni 1775 zwischen den Engländern unter Howe und den Nordamerikanern unter Washington.

Burasdschun (Ortschaft in Persien). **Schlacht** am 5. Februar 1857 zwischen den Engländern unter General Outram und den Persern unter Shoojaool-Moolk.

Busaco (Ortschaft im portugiesischen Bezirke Coimbra). **Schlacht** am 27. September 1810 zwischen dem englisch-portugiesischen Heere unter Wellington und den Franzosen unter Masséna.

C.

Cadan oder **Catan** (Ortschaft). **Vertrag** vom 30. Juni 1534 zwischen Kaiser Ferdinand I. von Oesterreich und dem Kurfürsten Johann Friedrich zur Aufrechthaltung des Nürnberger Religionsfriedens.

Cadix (Stadt in der spanischen Provinz Sevilla). **Seeschlacht** am 8. Januar 1780 zwischen der spanischen Flotte unter Admiral Langara und der britischen Flotte unter Admiral Rodney. — Zweite **Seeschlacht** am 22. Juli 1801 zwischen den Engländern unter Saumarez und den Franzosen unter Lenoir.

Cagliari (Hauptstadt der Insel Sardinien). **Schlacht** am 13. Februar 1352 zwischen den Venezianern unter Admiral Niccolò Pisani und den Genuesern unter Doria.

Calais (Stadt im französischen Departement Pas-de-Calais). **Zusammenkunft** am 15. Juni 1520 zwischen Heinrich VIII. von England und Franz I. von Frankreich*). — **Seeschlacht** am 29. Juli 1588 zwischen der englischen Flotte unter Howard Effingham und der spanischen (der sogenannten unüberwindlichen Armada) unter dem Herzog v. Medina-Sidonia. — Zweite und dritte **Seeschlacht** am 16. September und 21. October 1631 zwischen der holländischen Flotte unter Admiral Tromp und der spanischen Silberflotte.

Calatafimi (Stadt in Sicilien). **Treffen** am 15. Mai 1860 zwischen den italienischen Freischaaren unter Garibaldi und den neapolitanischen Truppen unter General Landi.

Caldiero (Dorf in der venezianischen Provinz Verona). **Schlacht** am 12. November 1796 zwischen den Oesterreichern unter Alvinczy und den Franzosen unter Buonaparte, der sich nach Verona zurückziehen muss. — Zweite **Schlacht** vom 29. bis 31. October 1805 zwischen den Oesterreichern unter Erzherzog Karl und den Franzosen unter Masséna.

---

*) Diese Zusammenkunft geschah auf dem sogenannten Camp du Drap d'or, zwischen Guines und Ardens, bei Calais.

Caleb Medina (Ortschaft am Libanon). Schlacht am 10. October 1840 zwischen den Türken unter Jochmus und den Aegyptern unter Ibrahim Pascha.

Calmar (Stadt in Schweden). Schliessung der Calmarischen Union am 12. Juli 1397 zur Vereinigung Dänemarks, Norwegens und Schwedens unter Königin Margarethe. — Schlacht am 17. Juli 1611 zwischen den Dänen unter Christian IV. und den Schweden unter Karl IX.

Calvi (Stadt in der neapolitanischen Provinz Terra di Lavoro). Schlacht am 9. December 1798 zwischen den Franzosen und Neapolitanern. — Vertrag vom 10. Januar 1799 zwischen der französischen Republik und dem Königreich Neapel.

Cambray (Stadt im französischen Departement Nord). Ligue am 10. December 1508 zwischen Kaiser Maximilian I., König Ludwig XII. von Frankreich, Ferdinand dem Katholischen von Spanien und Papst Julius II. gegen Venedig. — Zweite Ligue am 22. Mai 1529 zwischen Papst Clemens VII., Heinrich VIII., Franz I. und der Republik Venedig gegen Kaiser Karl V. — Friede (sogenannter Damenfriede) am 5. August 1529 zwischen Frankreich und Spanien.

Camden (Ortschaft in Südcarolina). Schlacht am 16. August 1780 zwischen den Engländern unter Lord Cornwallis und den Nordamerikanern unter Gates.

Camperduin (Dorf an der holländischen Küste). Seeschlacht am 11. October 1797 zwischen der englischen Flotte unter Duncan und den Holländern unter de Winter.

Campo-Formio (Dorf bei Udine in Friaul). Friede am 17. October 1797 zwischen Frankreich und Oesterreich.

Campo-Mayor (Stadt und Festung in der portugiesischen Provinz Alemtejo). Schlacht im J. 1709 zwischen den Spaniern und dem britisch-portugiesischen Heere.

Campo-Santo (Dorf im Herzogthum Modena). Schlacht am 8. Februar 1743 zwischen den Oesterreichern unter Traun und den Spaniern unter dem Marquis de Gages. — Zweite Schlacht am 5. März 1744 zwischen den Piemontesen unter Herzog Karl Emanuel und den Spaniern.

Canal (Stadt in der portugiesischen Provinz Evora). Schlacht im J. 1663 zwischen den Portugiesen und Spaniern.

Cannae*) (Stadt am südlichen Ende der apulischen Ebene). Schlacht am 2. August 216 vor Christi Geburt zwischen den Karthagern unter Hannibal und den Römern unter Terentius Varro.

Carache (Dorf in Venezuela). Waffenstillstand am 25. November 1820 zwischen Morillo und Bolivar.

Caravaggio (Marktflecken in der lombardischen Provinz Brescia). Schlacht am 15. September 1448 zwischen den Mailändern unter Francesco Alessandro Sforza und den Venezianern.

Carberry (Ortschaft bei Edinburgh). Schlacht am 15 (?) Juni 1567 zwischen den Schotten und den Anhängern der Königin Maria Stuart und ihres Gatten James Bothwell.

Carpi (Flecken an der Etsch in der Provinz Venedig). Schlacht am 7. Juli 1701 zwischen den Oesterreichern unter Prinz Eugen von Savoyen und den Franzosen unter Villeroi.

Carvalho da Este (Ortschaft bei Braga in der portugiesischen Provinz Entre-Minho-e-Douro). Schlacht am 19. März 1809 zwischen den Franzosen unter Soult und dem englisch-portugiesischen Heere unter Eben.

Casalanza (Dorf im Königreich Neapel). Convention vom 18. Mai 1815, nach welcher Neapel nach dem Sturze Murat's den Oesterreichern übergeben ward.

Casale (Stadt in Piemont). Schlacht am 18. Mai 1799 zwischen den Oesterreichern und Franzosen.

Casale maggiore (Stadt am Po in der Lombardei). Seeschlacht am 17. Juli 1448 zwischen den Mailändern unter Francesco Alessandro Sforza und den Venezianern.

Caserta (Stadt in der neapolitanischen Provinz Terra di Lavoro). Schlacht am 1. October 1860 zwischen den Freischaaren unter Garibaldi und den Neapolitanern.

Cassano (Flecken an der Adda in der Provinz Mailand). Schlacht am 16. August 1705 zwischen den Oesterreichern unter Prinz Eugen von Savoyen und den Franzosen unter Vendôme*). — Zweite Schlacht am 17. oder 27. April 1799 zwi-

---

*) Jetzt das Dorf Canne in der neapolitanischen Provinz Terra di Bari.

*) Zur Siegesfeier dieser Schlacht, an welcher Fürst Leopold von Dessau theilnahm, soll von den Einwohnern Cassano's zum ersten Male jener Marsch gespielt worden sein, der, unter dem Namen Dessauer Marsch bekannt, die Lieblings-Melodie dieses tapfern Haudegens geblieben ist.

schen den **Russen** unter **Suwarow** und den Franzosen unter Moreau.

Cassel oder **Montcassel** (Stadt im französischen Departement Nord.) Schlacht am 11. März 1677 zwischen den Franzosen und den Engländern unter Wilhelm III. von Oranien.

Castagnara (Dorf bei Rovigo in der venezianischen Provinz Polesina). Schlacht am 7. Juli 1704 zwischen den Oesterreichern unter Prinz Eugen von Savoyen und den Franzosen unter Catinat.

Casteau (Schloss bei Mons in der belgischen Provinz Hainaut). Schlacht am 14. August 1678 zwischen den Engländern unter König Wilhelm III. und den Franzosen.

Casteggio (Marktflecken in Piemont). Gefecht am 9. Juni 1800 zwischen den Franzosen unter Lannes und den Oesterreichern unter Ott.*)

Castelfidardo (Ortschaft im Kirchenstaat). Schlacht am 18. September 1860 zwischen den Sardiniern unter General Cialdini und den päpstlichen Truppen unter Lamoricière, der sich nach Ancona zurückziehen muss.

Castelfranco (Stadt in der venezianischen Provinz Treviso). Schlacht am 23. November 1805 zwischen den Franzosen unter Gouvion-Saint-Cyr und den Oesterreichern unter dem Prinzen von Rohan.

Castelnaudary (Stadt im französischen Departement Aude). Schlacht am 1. September 1632 zwischen dem Marschall v. Schomberg und dem Herzog v. Montmorency.

Castenedolo (Marktflecken bei Brescia in der Lombardei). Gefecht am 15. Juni 1859 zwischen den Alpenjägern unter Garibaldi und einem oesterreichischen Corps unter General Urban.

Castiglione (Marktflecken in der lombardischen Provinz Mantua). Schlacht am 9. Mai 1706 zwischen den Franzosen unter Medavi und den Oesterreichern unter dem Prinzen von Hessen. — Zweite Schlacht am 5. August 1796 zwischen den Franzosen unter Buonaparte und den Oesterreichern unter Wurmser.

Castillejos (Ortschaft im Königreich Marocco). Schlacht am 1. Januar 1860 zwischen den Spaniern unter General Prim und den Maroccanern unter Muley Abbas.

*) Dies Gefecht heisst auch das von **Montebello**, wovon auch **Lannes** seinen Herzogstitel erhielt.

Câteau-Cambrésis (Stadt im französischen Departement Nord). Friede am 3. April 1559 zwischen Philipp II. von Spanien und Ludwig XII. von Frankreich.

Cawnpore (Ortschaft in Ostindien). Schlacht am 6. December 1857 zwischen den Engländern unter General Campbell und den Sipahis.

Ceret (Stadt im französischen Departement der Ost-Pyrenäen). Schlacht am 20. April 1793 zwischen den Spaniern und Franzosen. — Zweite Schlacht am 30. April 1794 zwischen den Franzosen unter Dugommier und den Spaniern unter dem Grafen de la Union.

Cerignola (Stadt in der neapolitanischen Provinz Capitanata). Schlacht am 28. April 1503 zwischen den Spaniern unter Gonsalvo di Cordova und den Franzosen unter dem Herzoge von Nemours.

Cerro Gordo (Ortschaft in Mexiko). Schlacht am 17. und 18. April 1847 zwischen den Nordamerikanern unter Scott und den Mexikanern unter Santana.

Cerisoles (Dorf bei Carignan in Piemont). Schlacht am 11. April 1544 zwischen den Franzosen unter dem Prinzen v. Enghien und dem österreichisch-spanischen Heere unter del Guasto.

Cervèna (Ortschaft in der Moldau). Schlacht am 7. September 1810 zwischen den Russen unter Kamenskoi und den Türken unter dem Grosswesier Jussuff-Pascha.

Ceva (Stadt in Piemont). Schlacht am 14. April 1794 zwischen den Franzosen und den Oesterreichern unter Mercy d'Argenteau.

Chabacuco (Stadt in der mexikanischen Provinz Santiago). Schlacht am 12. Februar 1817 zwischen den Mexikanern unter San-Martin und den Spaniern.

Chaeronea (Stadt in Boeotien). Schlacht am 3. August 338 vor Christus zwischen König Philipp von Macedonien und den Griechen. — Zweite Schlacht im J. 186 vor Christus zwischen den Römern unter Sulla und den Griechen und Macedoniern unter Mithridates und Archelaos.

Chalons-sur-Marne (catalaunische Felder), (Stadt im französischen Departement Marne). Schlacht am 14. Juni 451 zwischen den Römern unter Aetius und den Hunnen unter Attila.

Champeaubert (Dorf im französischen Departement Marne). Gefecht am 10. Februar 1814 zwischen den Franzosen unter Napoleon und den Russen unter Olsewieff, der in Gefangenschaft gerieth.

Champoalla (Ortschaft im Königreich Mexiko). Schlacht am 22. Mai 1520 zwischen Fernando Cortez und Pamfilo Narvaez, welcher in Gefangenschaft des Erstern geräth.

Château-Genthier (Stadt im französischen Departement Maine-et-Loire). Schlacht am 26. October 1793 zwischen den Vendéern und den Republikanern unter L'Echelle, der hier seinen Tod fand.

Châtillon-sur-Seine (Stadt im französischen Seine-Departement). Congress vom 3. Februar bis März 1814 zwischen Napoleon und den Alliirten (ohne Erfolg).

Châtillon-sur-Sèvre (Stadt im französischen Departement Deux-Sèvres). Schlacht am 5. Juli 1793 zwischen den Vendéern und Republikanern. — Zweite Schlacht am 9. und 10. October 1793 zwischen den Republikanern unter Westermann und den Vendéern.

Chattanooga (Ortschaft im nordamerikanischen Staat Tennessee). Schlacht vom 23. bis 25. November 1863 zwischen den Unionisten unter General Grant und den Conföderirten unter General Bragg.

Chelm (Stadt im polnischen Gouvernement Lublin). Schlacht am 6. Juni 1794 zwischen den Russen und Polen.

Chemnitz (Stadt im Königreich Sachsen). Schlacht am 4. (oder 14.) April 1639 zwischen den Schweden unter Baner und den Kaiserlichen. — Volkstumult am 11. und 12. September 1830.

Cherasco (Stadt in Piemont). Vertrag vom 6. April 1631 zwischen Spanien, Frankreich und Papst Urban VIII.

Chiari (Stadt in der lombardischen Provinz Brescia). Schlacht am 1. September 1701 zwischen den Oesterreichern unter Prinz Eugen von Savoyen und dem französisch-spanischen Heere unter Villeroi.

Chmielnik (Stadt im polnischen Gouvernement Krakau). Schlacht im J. 1240 zwischen den Tataren unter Bogdan und den Polen.

Choczim oder **Choczmin** (Stadt im russischen Gouvernement Bessarabien). Schlacht am 11. November 1673 zwischen den Polen unter Johann Sobieski und den Türken. — Zweite Schlacht am 28. August 1739 zwischen den Russen unter Muennich und den Türken unter dem Seraskier. — Dritte Schlacht am 30. October 1788 zwischen den Türken und Russen.

Chollet (Stadt im französischen Departement Maine-et-Loire). Schlacht am 16. October 1793 zwischen den Republikanern unter L'Echelle und den Vendéern unter Bonchamps, der auf dem Schlachtfelde blieb. — Einnahme der Stadt am 7. Februar 1795 durch Stoflet. — Dritte Schlacht am 6. April 1795 zwischen den Vendéern und den Republikanern unter Dusirat.

Chotusitz (Dorf im böhmischen Kreise Czaslau). Schlacht am 17. Mai 1742 zwischen den Preussen unter König Friedrich II. und den Oesterreichern unter Herzog Karl von Lothringen.

Chrobrs (Ortschaft in Polen). Schlacht vom 16. bis 19. März 1863 zwischen den Russen unter Schachowsky und den Polen unter dem Dictator Langiewicz.

Churubusco (Ortschaft in Mexiko). Schlacht am 20. August 1847 zwischen den Nordamerikanern unter Scott und den Mexikanern unter Santana.

Ciudad-Real (Stadt in der spanischen Provinz La Mancha). Schlacht am 27. März 1809 zwischen den Franzosen unter Sebastiani und den Spaniern unter Urbino.

Ciudad-Rodrigo (Stadt in der spanischen Provinz Salamanca). Schlacht am 4. October 1707 zwischen den Franzosen unter Bay und den Portugiesen unter Fronteira. — Zweite Schlacht am 10. Juli 1810 zwischen den Franzosen und den Spaniern unter Zerrasti. — Dritte Schlacht am 20. Januar 1812 zwischen den Engländern unter Wellington*) und den Franzosen.

Clifton-Moor (Dorf in der englischen Grafschaft Westmoreland) Schlacht am 18. December 1745 zwischen dem englischen Heere unter dem Herzoge von Cumberland und den Truppen des Prätendenten Karl Eduard Stuart.

Clissow (Dorf im polnischen Gouvernement Sandomir), Schlacht am 20. Juli 1702 zwischen den Schweden unter König Karl XII. und den Sachsen unter König August II. von Polen.

Coccorza (Ortschaft in Calabrien). Schlacht am 22. August 1806 zwischen den Franzosen unter General Verdier und den empörten Calabresen.

Cochabamba (Ortschaft in Peru). Schlacht am 28. October 1823 zwischen dem spanischen Vicekönig Laserna und den Independenten.

Cocherel (Ortschaft im französischen Departement Eure). Schlacht am 19.

---

*) Zu Ehren dieses Sieges erhielt er den Titel: Herzog von Ciudad-Rodrigo.

Mai 1364 zwischen den **Franzosen** unter **Duguesclin** und den Navarresen.

Codogno (Marktflecken in der lombardischen Provinz Lodi). **Schlacht im J. 1716** zwischen den Spaniern und Oesterreichern.

Cognac (Stadt im französischen Departement Charente-Inférieure). **Bündniss am 16 (?) März 1526** zwischen König Franz I.*) von Frankreich, König Heinrich VIII. von England, Papst Clemens VII., Venedig und Mailand gegen Kaiser Karl V.

Colton-Moor (Ebene bei Nordhallerton in der englischen Grafschaft York). **Schlacht am 6 (?) August 1138** zwischen den **Engländern** unter König **Heinrich I.** und den Schotten unter David I.**).

Compiègne (Stadt im französischen Departement Seine-et-Oise). **Zusammenkunft** Kaiser **Napoleon's III.** mit dem Prinz-Regenten von Preussen **am 6. October 1861**.

Conflans (Dorf bei Paris). **Vertrag vom 5. October 1465** zwischen dem Könige **Ludwig XI.** von Frankreich und dem Herzoge Philipp dem Guten von Burgund.

Conflans (Stadt im sardinischen Herzogthum Savoyen). **Gefecht am 28. Juli 1709** zwischen den Oesterreichern unter General **Thouy** und den Franzosen unter Marschall Berwick.

Constantine (Stadt in Algerien). **Einnahme** der Stadt durch die Franzosen **am 13. October 1837**.

Contreras (Stadt in Mexiko). **Schlacht am 19. und 20. August 1847** zwischen den **Nordamerikanern** unter **Scott** und den Mexikanern unter Santana.

Corbach (Stadt im Fürstenthum Waldeck). **Schlacht am 10. Juli 1760** zwischen den **Franzosen** unter **Saint-Germain** und den Alliirten.

Corbiesdeale (Ortschaft in der schottischen Grafschaft Ross). **Schlacht am 17. April 1650** zwischen den **Parlamentstruppen** unter David **Leslie** und den Royalisten unter Montrose.

Cormons (Marktflecken im illyrischen Kreise Görtz). **Waffenstillstand am 12. August 1866** zwischen den Oesterreichern und Sardiniern.

Corte Nuova (Ortschaft in der Lombardei).

---

*) Franz I. hatte in Cognac unter einer Ulme des dortigen Parks das Licht der Welt erblickt.

**) Bekannt unter dem Namen „Standarten- oder Fahnenschlacht", weil das englische Reichsbanner auf einem Wagen aufgepflanzt war.

Schlacht am 27. November 1237 zwischen Kaiser **Friedrich I.** und den Lombarden.

Coruña (Stadt und Festung in der spanischen Provinz Galicia). **Seeschlacht am 22. Juli 1805** zwischen der **englischen** Flotte unter Calder und der französisch-spanischen unter Gravina*). — **Gefecht am 16. Januar 1809** zwischen den **Franzosen** unter **Soult** und den Engländern unter Moore. (Letzterer fiel in diesem Gefechte.)

Courtray (Hauptstadt der belgischen Provinz Westflandern). **Schlacht am 11. Juli 1302** zwischen den **Flamländern** und den Franzosen unter dem Grafen Robert II. von Artois. — **Plünderung und Verbrennung** der Stadt durch die Franzosen **am 12. September 1382**. — **Gefecht am 11. Mai 1794** zwischen den **Franzosen** unter **Macdonald** und den Oesterreichern unter Clerfayt. — **Zweites Gefecht am 31. März 1814** zwischen den **Russen** und **Sachsen** unter **Thielemann** und den Franzosen unter Maison.

Coutras (Stadt im französischen Departement Gironde). **Schlacht am 20. October 1587** zwischen **Heinrich IV.** und den Truppen Heinrich's III. unter dem Herzoge Henri de Joyeuse (Krieg der drei Heinriche).

Crecy (Marktflecken bei Abbeville im französischen Departement Somme). **Schlacht am 20. August 1346** zwischen den **Engländern** unter König **Eduard III.** und den Franzosen unter König Ludwig VI.

Crefeld (Stadt im preussischen Regierungsbezirk Düsseldorf). **Schlacht am 23. Juni 1758** zwischen den **Alliirten** unter Herzog **Karl** von Braunschweig und den Franzosen unter Abbé de Clermont.

Crespy (Stadt im französischen Departement Oise). **Friede am 18. September 1544** zwischen Kaiser Karl V. und König Franz I. von Frankreich.

Croisetta (Dorf bei Parma). **Schlacht am 29. Juni 1734** zwischen den **Kaiserlichen** unter **Mercy d'Argenteau** und dem französisch-sardinischen Heere unter Coigny.

Croix-aux-Bois (Dorf im französischen Departement Marne). **Schlacht am 14. September 1792** zwischen den **Oesterreichern** unter **Clerfayt** und den Franzosen unter Chazot.

Crotoy (Ortschaft in Burgund). **Friede am 23. October 1472** zwischen König Lud-

---

*) Wird auch **Schlacht von Finisterre** genannt.

wig XI. und dem Herzoge Karl dem Kühnen von Burgund, welcher Saint-Quentin und Amiens zurückerhält.

Cuba (Insel in Südamerika). Aufstand der Neger am 14 (?) Januar 1835.

Cudnow (Ortschaft in Volhynien). Schlacht am 1. October 1660 zwischen den Polen unter Stanisław Rewera Potocki und den Russen.

Culloden (Dorf bei Inverness in Schottland). Schlacht am 27. April 1746 zwischen dem Herzog von Cumberland und dem Prätendenten Karl Eduard Stuart.

Curtatone (Ortschaft in der lombardischen Provinz Mailand). Schlacht am 29. Mai 1848 zwischen den Oesterreichern unter Radetzky und den Sardiniern unter König Karl Albert.

Curzola (Stadt im Königreich Dalmatien), Schlacht am 8. September 1298 zwischen den Genuesern unter Lamba Doria und den Venezianern unter den Brüdern Dandolo.

Custozza (Dorf in der venezianischen Provinz Verona). Schlacht am 23. 24. und 25. Juli 1848 zwischen den Oesterreichern unter Radetzky und den Piemontesen unter König Karl Albert. — Zweite Schlacht am 24. Juni 1866 zwischen den Oesterreichern unter Erzherzog Albrecht und den Italienern unter Lamarmora.

D.

Damiette (Stadt in der ägyptischen Provinz Charkieh). Einnahme dieser Stadt am 6. Juni 1249 durch König Ludwig den Heiligen, der sie später als Lösegeld aus seiner Gefangenschaft zurückgab. — Schlacht am 1. November 1799 zwischen den Franzosen unter Kleber und den Türken.

Dannevirke (Schanzen vor Schleswig). Schlacht am 23. April 1848 zwischen den Preussen unter Wrangel und den Dänen. — Einnahme durch die Oesterreicher am 5. Februar 1864.

Debrecsin (Stadt im biharer Comitat in Ungarn). Eröffnung des ungarischen Reichstags daselbst am 30. December 1848. — Schlacht am 2. August 1849 zwischen den Russen und Ungarn unter Nagy Sandors.

Delhi, siehe Dschennah Nullah.

Denain (Dorf im französischen Departement Nord). Schlacht am 24. August 1712 zwischen den Franzosen unter Villars und den Engländern unter Monk, Herzog von Albemarle.

Dennewitz (Dorf bei Jüterbogk im preussischen Regierungsbezirk Potsdam). Schlacht am 6. September 1813 zwischen dem preussisch-russisch-schwedischen Heere unter dem Kronprinzen Karl Johann von Schweden und Buelow und den Franzosen unter Oudinot.

Deseret (Ortschaft in Nordamerika). Die Mormonen-Secte, vertrieben aus Illinois, beginnt ihre Auswanderung nach den Küsten und gründet hier am Salzsee ihre neue Heimath am 3. Februar 1846.

Desio (Ortschaft im Mailändischen). Schlacht am 21. Januar 1277 zwischen den Gibellinen unter Simeone da Muralto und den Welfen unter Napoleone della Torre.

Dettingen (Stadt in Unter-Franken). Schlacht am 27. Juni 1743 zwischen den Engländern unter König Georg II. und den Franzosen unter dem Marschall de Noailles.

Deutschbrod (Stadt im böhmischen Kreise Czaslau). Schlacht am 6. Januar 1422 zwischen den Hussiten unter Ziska und den Kaiserlichen unter Kaiser Sigismund.

Doeffingen (Dorf im württembergischen Neckar-Kreise). Schlacht am 23. August 1388 zwischen dem Grafen Eberhard dem Greiner und den schwäbischen Städten.

Doggersbank (Sandbank bei Scarborough in der englischen Grafschaft Yorkshire). Seeschlacht am 5. August 1781 zwischen den Holländern unter Admiral Zoutman und den Engländern unter Admiral Parker. (Sieg unentschieden.)

Dol (Stadt im französischen Departement Ille-et-Vilaine). Schlacht am 21. November 1793 zwischen den Vendéern und den Republikanern unter Westermann und Marceau.

Don (Fluss im europäischen Russland). Schlacht am 8. September 1360 zwischen den Russen unter Czar Dmitri Donski und den Tataren unter Khan Mammai.

Donauwoerth (Stadt im bayer'schen Kreise Schwaben). Schlacht am 2. Juli 1704 zwischen den Kaiserlichen unter dem Markgrafen Ludwig von Baden und dem französisch-bayer'schen Heere. — Gefecht am 6. October 1805 zwischen den Franzosen unter Soult und den Oesterreichern.

Don-Benito (Dorf bei Medellin in der spanischen Provinz Badajoz). Schlacht am 19. März 1809 zwischen den Franzosen unter Victor und den Spaniern unter Cuesta.

Donstanpoor (Ortschaft in Ostindien). Schlacht am 9. Mai 1658 zwischen den Engländern unter Lugard und den Rebellen.

Dordrecht (Stadt in der niederländischen Provinz Süd-Holland). Eröffnung der Synode der Reformirten vom 13. November 1618 bis 19. Mai 1619.

Dover (Stadt in der englischen Grafschaft Kent). Seeschlacht im J. 1217 zwischen den Engländern unter Philip de Albany und John Marshal und den Franzosen unter dem Dauphin Ludwig VIII. — Zusammenkunft am 26. Mai 1520 zwischen König Heinrich VIII. von England und König Franz I. von Frankreich.

Dragaschan (Kloster in der Moldau). Schlacht am 19. Juni 1821 zwischen den Türken und Griechen unter Ypsilantis.

Dresden (Hauptstadt des Königreichs Sachsen). Friede am 26. December 1745 zwischen Oesterreich, Preussen und Sachsen. — Schlacht am 9. September 1756 zwischen den Preussen unter König Friedrich II. und den Sachsen. — Einzug der Preussen am 9. September 1758. — Uebergabe der Stadt an das Reichsheer am 4. September 1759. — Zusammenkunft Napoleon's, des Kaisers von Oesterreich und des Königs von Preussen vom 16. bis 28. Mai 1813. — Sprengung der Elbbrücke durch die Franzosen unter Davout am 19. März 1812. — Zweite Schlacht am 26. und 27. August 1813 zwischen den Franzosen unter Napoleon und den Alliirten. — Volksaufstand am 9. September 1830. — Aufstand und Barrikaden-Kampf vom 3. bis 8. Mai 1849. — Flucht des Königs Friedrich August nach dem Königstein und Einsetzung einer provisorischen Regierung (Tzschirner, Heubner und Todt) am 4. Mai 1849. — Minister-Conferenzen der deutschen Staaten vom 23. December 1850 bis 15. Mai 1851. — Einzug der Preussen unter Herwarth von Bittenfeld am 18. Juni 1866. — Rückkehr König Johann's am 3. November 1866. — Strassentumulte am 14. 15. und 16. October 1868.

Dreux (Stadt im französischen Departement Eure-et-Loire). Schlacht am 19. December 1562 zwischen den Katholiken unter dem Marschall von Saint-André, der auf dem Schlachtfelde blieb, und den Hugenotten unter dem Prinzen von Condé, der in Gefangenschaft gerieth.

Drusenheim (Stadt im französischen Departement Nieder-Rhein). Schlacht am 16. (?) October 1702 zwischen den Kaiserlichen unter dem Markgrafen Ludwig von Baden und den Franzosen unter Catinat.

Dschalderan (Ortschaft an der türkisch-persischen Grenze). Schlacht am 13. August 1514 zwischen den Türken unter Selim I. und den Persern unter Schah Ismael.

Dschennah-Nullah (Ortschaft bei Delhi in Ostindien). Schlacht am 14. September 1803 zwischen den Engländern unter General Lake und den Truppen des Scindiah und des Grossmoguls.

Dschisr-Mustapha (Stadt im türkischen Ejalet Rum-Ili). Schlacht im J. 1355 zwischen den Türken unter Amurat I. und den Bulgaren.

Dublicza (Marktflecken an der österreichisch-kroatischen Militairgrenze). Schlacht am 26 (?) April 1758 zwischen den Türken unter dem Grosswesir Jussuf und den Oesterreichern unter dem Fürsten von Lichtenstein. — Schlacht am 28. August 1788 zwischen den Oesterreichern unter Laudon und den Türken unter dem Grosswesir Jussuf.

Dublenka (Stadt im polnischen Gouvernement Lublin). Schlacht am 17. December 1792 zwischen den Polen unter Kosciuszko und den Russen unter Kachowski.

Duldschellik (Stadt bei Bagdad). Schlacht am 17. Juni 1733 zwischen den Türken unter Topal Osman, Pascha von Georgien, und den Persern unter Nadir Schah.

Dumblane (Marktflecken in der schottischen Grafschaft Perth). Schlacht im J. 1715 zwischen den Schotten unter John, Duke of Argyle und den Jakobiten unter dem Grafen Mar.

Dunbar (Marktflecken in der schottischen Grafschaft Haddigton). Schlacht am 27. April 1296 zwischen König Eduard I. von England und John Baliol. — Zweite Schlacht am 3. September 1650 zwischen Oliver Cromwell und den Schotten unter Leslie.

Dunkerque (Stadt im französischen Departement Nord). Schlacht am 14. Juni 1658 zwischen den Franzosen unter Turenne und den Spaniern unter Don Juan d'Austria. — Seeschlacht am 23. Juni 1666 zwischen den Holländern unter Ruyter und den Spaniern.

Durango (Ortschaft in der spanischen Provinz Biscaya). Zusammenkunft am 25. August 1839 des christlichen Oberbefehlshabers Espartero mit dem Carlistenchef Maroto wegen Unterhandlung des Friedens (vergleiche Vergara).

E.

Eckartsberga (Stadt im preussischen Regierungsbezirk Merseburg). Gefecht am 14. October 1806 zwischen den Franzosen und Preussen.

Eckau (Dorf im russischen Gouvernement Kurland). Gefecht am 16. Juni, am 29. und 30. September 1812 zwischen den Russen unter General Levis und Steinheil und den Franzosen.

Eckernfoerde (Stadt in Schleswig). Schlacht am 5. April 1849 zwischen den schleswig-holsteiner und nassauischen Strandbatterien und den dänischen Schiffen Christian VIII. und Gefion. (Das erstgenannte Schiff wird in die Luft gesprengt).

Eckmuehl (Dorf in Nieder-Bayern). Schlacht am 22. April 1809 zwischen den Franzosen, Bayern und Würtembergern unter Napoleon und Davout und den Oesterreichern unter Erzherzog Karl*).

Edinburgh (Hauptstadt des Königreichs Schottland). Friede am 13. (oder 30.) Juli 1560 zwischen den schottischen Ständen und dem Könige Franz II. und dessen Gemahlin, Maria Stuart, welche ihre Ansprüche auf Schottland entsagen.

Edgehill oder **Keinton** (Gebirge zwischen der englischen Grafschaft Oxford und Warwick). Schlacht am 23. October 1643 zwischen den Parlaments-Truppen unter dem Grafen Essex und den Truppen König Karl's I. unter Lord Lindsay.

Eekeren (Marktflecken in der belgischen Provinz Antwerpen). Schlacht am 29. Juni 1703 zwischen den Franzosen unter Bouflers und den Alliirten.

Eger (Stadt und Festung in Böhmen). Ermordung Wallenstein's am 24. August 1634. — Ueberfall der kaiserlichen Lagers am 27. Juli 1647 durch die Schweden unter Melander. — Schlacht am 19. April 1742 zwischen den Franzosen unter Marschall Moritz von Sachsen und den Oesterreichern.

Eidswold (Stadt bei Christiania in Norwegen). Eröffnung des Reichstags am 10. April 1814: Prinz Christian von Dänemark wird constitutioneller König von Norwegen.

Eilau, siehe Eylau.

---

*) Davout erhielt davon den Titel Prinz von Eckmuehl.

El-Arisch (Stadt in Unter-Aegypten). Vertrag am 5. April 1845, laut welchem der Tribut aufgehoben wird, welchen Schweden und Dänemark bis dahin an Marocco bezahlen mussten.

Elba (Insel im Mittelmeere an der Küste von Toscana). Residenz Napoleon's I. vom 4. Mai 1814 bis 20. Februar 1815.

Emmendingen (Stadt im badischen Oberrheinkreise). Religionsgespräch zwischen den Katholiken und Lutheranern im J. 1590. — Schlacht am 19. October 1796 zwischenden Oesterreichern und Franzosen.

Ems (Stadt im Herzogthum Nassau). Punktation vom 25. August 1785 der Kurfürsten-Erzbischöfe von Mainz, Trier und Köln und des Erzbischofs von Salzburg gegen die Uebergriffe des päpstlichen Nuntius Zoglio in München. — Congress der französischen Legitimisten am 5.(?) August 1849.

Engelstaedt (Dorf in Schwaben). Schlacht am 2. August 1525 zwischen den schwäbischen Bundestruppen und den aufrührerischen Bauern.

Engen (Stadt im badischen Seekreise). Schlacht am 3. Mai 1800 zwischen den Franzosen unter Moreau und den Oesterreichern unter Kray.

Enningdal (Dorf bei Christiania in Norwegen). Schlacht am 10. Juni 1808 zwischen den Norwegern unter Herzog Christian von Schleswig Holstein und den Schweden unter Armfeldt.

Enniscorthy (Marktflecken in der Grafschaft Wexford). Schlacht im J. 1792 zwischen den Engländern und den irischen Insurgenten.

Ensisheim (Stadt im französischen Departement Haut-Rhin). Friede am 28. October 1444 zwischen den Schweizern und Frankreich. — Schlacht am 4. October 1674 zwischen den Franzosen unter Turenne und den Kaiserlichen unter Bournonville.

Eperies (Stadt im ungarischen Comitat Sarosch). Friede im J. 1629 zwischen dem Palatin Eszterházy von Ungarn und dem Fürsten Ragoczy von Siebenbürgen. — Blutgericht am 5. März 1687.

Erfurt (Stadt im preussischen Regierungsbezirk gleichen Namens). Fürsten-Congress: Ankunft König Friedrich August's von Sachsen am 20. September 1808, des Kaisers Napoleon I. und des Kaisers Alexander von Russland am 27., des Königs Jérôme von Westphalen am 28. September, des Königs Friedrich Wilhelm Karl von Württemberg am 3., des Königs Maximilian Joseph von Bayern am 4. October. — Ausserdem waren dabei anwesend: Herzog Karl August und dessen Gemahlin, Louise von Hessen-Darmstadt, der Erbprinz Karl Friedrich mit seiner russischen Gemahlin Maria Paulowna, (Schwester des Kaisers Alexander I.), Ernst, Herzog von Sachsen-Gotha und Leopold, Prinz von Sachsen-Koburg, General in russischem Dienst (später König der Belgier), der Erbgrossherzog Ludwig Friedrich von Baden und dessen Gemahlin, Stephanie Louise Adrienne de Beauharnais, und andere dii minorum gentium*). — Schluss des Congresses am 14. October 1808. — Eröffnung des Reichstags der deutschen Union (Preussen, Hannover und Sachsen) am 20. März 1850. — Schluss des Reichstags am 29. April 1850.

Eriwan (Stadt in Persien). Schlacht am 7. Juli 1724 zwischen den Türken und den Persern. — Zweite Schlacht am 15. Juli 1804 zwischen den Russen und den Persern (unentschieden). — Die Stadt ergiebt sich am 19. October 1827 dem russischen General Paskewitsch.

Ermatingen (Dorf im schweizer Canton Thurgau). Schlacht am 11. April 1499 zwischen den Schweizern und Schwaben.

Erzerum (Stadt im türkischen Asien). Friede am 23. Juli 1823 zwischen der Türkei und Persien. — Schlacht am 9. Juli 1839 zwischen den Russen unter Paskewitsch und den Türken.

Escurial (Schloss bei Madrid). Philipp II. legt den Grundstein zum Escurial am 23. April 1563.

Eski-Stambul (Ortschaft in der Türkei). Gefecht am 15. August 1828 zwischen

---

*) Einer der interessantesten Leute im Gefolge Kaiser Alexander's war der Kriegsminister und Chef der russischen Artillerie, Alexei Andrejewitsch Graf Araktschejeff, welcher, begeistert von den chevaleresken Tugenden und liebenswürdigen Eigenschaften seines Souverains, bei seinem am 30. April 1834 erfolgten Ableben testamentarisch 50,000 Silberrubel bei der kaiserlichen Bank deponirte mit der Clausel, dass drei Viertheile dieser Summe, Zins auf Zins geschlagen, dazu bestimmt sein sollen, im J. 1925, hundert Jahre nach dem Tode des Kaisers, dem Verfasser der besten Geschichte Alexander's I., geschrieben in russischer Sprache, als Belohnung seiner Arbeit ausgezahlt zu werden, während das letzte Viertel jener zum Druck und zur Verbreitung von zehntausend Exemplaren dieses Preiswerks verwendet werden soll.

---

den Russen unter General Iwanoff und den Türken.

Essling (Dorf am Manhartsberg in Oesterreich). Schlacht am 21. und 22. Mai 1809 zwischen den Oesterreichern unter Erzherzog Karl und den Franzosen unter Masséna*).

Etaples (Stadt im französischen Departement Nord). Friede am 3. November 1492 zwischen Frankreich und England.

Etschmiassin (Kloster im russischen Armenien). Schlacht am 20. März 1804 zwischen den Russen und Persern.

Ettlingen (Stadt im badischen Mittelrheinkreise). Schlacht am 9. und 10. Juli 1796 zwischen den Franzosen unter Moreau und den Oesterreichern unter Erzherzog Karl.

Eu (Stadt im französischen Departement Seine-Inférieure). Zusammenkunft der Königin Victoria von England mit König Ludwig Philipp von Frankreich am 2. September 1843.

Evora (Stadt in der portugiesischen Provinz Alemtejo). Capitulation am 16. Mai 1834 zwischen Don Pedro I. und Dom Miguel, welcher Portugal räumen muss.

Eylau (Stadt im preussischen Regierungsbezirk Marienwerder). Schlacht am 7. und 8. Februar 1807 zwischen den Franzosen unter Napoleon und dem russisch-preussischen Heere unter Benningsen und Lestocq (Sieg zweifelhaft).

F.

Fair-Oaks (Ortschaft im nordamerikanischen Staate Virginia). Schlacht am 31. Mai und 1. Juni 1862 zwischen den Unionisten unter M'Clellan und den Conföderirten unter General Lee**).

Falconaria (Ortschaft in Sicilien), Schlacht im J. 1299 zwischen König Friedrich von Sicilien und den Söhnen Karl's von Anjou.

Falcsy (Dorf bei Jassy in der Moldau). Friede am 23. Juli 1711 zwischen den Türken und Russen***).

Falkoeping (Stadt im schwedischen Skaraborgs-Län). Schlacht am 24. September 1389 zwischen den Schweden unter Königin Margarethe und Herzog Albrecht von Mecklenburg.

---

*) Massena erhielt davon seinen Herzogstitel.
**) Auch unter dem Namen Schlacht am Chic Kahominy bekannt.
***) Wird auch Friede am Pruth genannt.

Fattihpur oder **Fattepoor** (Ortschaft in Ostindien). Schlacht am 12. Juli 1857 zwischen den Engländern unter General Havelock und den Sipahis unter Nena Sahib.

Federbach (Zufluss des Rheins bei Rastatt im Grossherzogthum Baden). Gefecht am 29. Juni 1849 zwischen den Preussen und den badischen Insurgenten.

Fehrbellin (Stadt im preussischen Regierungsbezirk Potsdam.) Schlacht am 18. Juni*) 1675 zwischen dem Kurfürsten Friedrich Wilhelm von Brandenburg und den Schweden unter Wrangel.

Feldkirch (Stadt in Tyrol). Gefecht am 23. März 1799 zwischen den Franzosen unter Oudinot und Masséna und den Oesterreichern unter Hotze und Jellachich (Sieg unentschieden).

Ferrara (Stadt im Kirchenstaat). Friede am 2. Juli 1450 zwischen Venedig und König Alphons von Sicilien.

Ferrol (Stadt in der spanischen Provinz Coruña). Seeschlacht am 4. November 1805 zwischen der englischen Flotte unter Admiral Stropan und der französischen Flotte unter dem Contre-Admiral Dunoirle-Pelley.

Feurs (Stadt im französischen Departement Loire). Friede im J. 1452 zwischen König Karl VIII. von Frankreich und Herzog Ludwig von Savoyen.

Fife (Grafschaft in Südschottland). Schlacht im J. 1338 zwischen den schottischen Prätendenten Edward Baliol und den Truppen König David's II. unter dem Grafen Mar, der in dieser Schlacht sein Leben verlor.

Figueras (Stadt in der spanischen Provinz Gerona). Schlacht am 27. November 1794 zwischen den Franzosen und Spaniern. — Zweite Schlacht am 14. Juli 1795 zwischen den Spaniern und Franzosen. — Dritte Schlacht am 30. Juli 1812 zwischen den Engländern unter Wellington und den Franzosen unter Soult.

Finisterre (Departement in Frankreich). Seeschlacht am 3. Mai 1745 zwischen der englischen Flotte unter Vice-Admiral Anson und der spanischen Flotte unter dem Commodore de Saint-Jacquerie.

Firusschah (Ortschaft in Ostindien). Schlacht am 21. December 1845 zwischen den Sikhs und den Engländern unter Hough Gough.

*) An demselben Tage wurde im J. 1757 die Schlacht bei Kollin und im J. 1815 die Schlacht bei Waterloo (s. d.) geschlagen.

Fladenheim, eigentlich **Flarchheim** (Dorf bei Mühlhausen). Schlacht am 27. Januar 1080 zwischen Rudolph von Schwaben und Kaiser Heinrich IV.

Flatbush (Ortschaft in der nordamerikanischen Grafschaft New-York). Schlacht am 26. August 1776 zwischen den Engländern unter Howe und den Nordamerikanern unter Sullivan.

Fleurus (Marktflecken in der belgischen Provinz Hainaut). Schlacht am 29. August 1622 zwischen den Kaiserlichen unter Herzog Christian von Braunschweig, dem Grafen Ernst v. Mansfeld und den Spaniern unter Cordova. — Zweite Schlacht am 1. Juli 1690 zwischen den Franzosen unter dem Marschall von Luxemburg und den Kaiserlichen unter dem Fürsten von Waldeck. — Dritte Schlacht am 26. Juni 1794 zwischen den Franzosen unter Jourdan und den Oesterreichern unter dem Prinzen Josias von Sachsen-Koburg-Saalfeld. — Vierte Schlacht am 16. Juni 1815 zwischen den Verbündeten und Franzosen (s. Ligny).

Flex (Ortschaft in Frankreich). Friede im J. 1580 zwischen den Hugenotten und den Katholiken.

Flockenburg (Ortschaft in der preussischen Rheinprovinz). Schlacht am 31. März 1584 zwischen Ernst von Bayern und dem in die Acht erklärten Erzbischof Gebhard Truchsess von Köln.

Flodden, siehe **Flowdenfield**.

Florennes (Dorf in der belgischen Provinz Namur). Schlacht am 28. Mai 1792 zwischen den Oesterreichern unter Starey und den Franzosen unter Gouvion.

Florenz (Hauptstadt des Königreichs Italien). Friede am 28. März 1801 zwischen der Republik Frankreich und dem Königreich Neapel. — Proclamirung der Republik am 18. Februar und Einsetzung einer provisorischen Regierung (Mazzoni, Guerrazzi und Montanelli) am 19. Februar 1849. — Verlegung der italienischen Hauptstadt von Turin nach Florenz am 19. November 1864.

Flowdenfield (Dorf in der englischen Grafschaft Northumberland). Schlacht am 9. September 1513 zwischen den Engländern und Schotten unter Jakob IV., der hier seinen Tod fand.

Fokschani (Stadt in der europäischen Türkei). Friede am 23. Juli 1711 zwischen Czar Peter I. von Russland und dem Sultan Achmed III. — Präliminarfriede am

19. August 1772 zwischen der Kaiserin Katharina II. und dem Sultan Mustapha III., fortgesetzt zu Bukarest (s. d.). — Schlacht am 1. August 1789 zwischen den Oesterreichern und Russen unter dem Herzoge Josias von Sachsen-Koburg-Saalfeld und Suwarow und den Türken. — Gefecht am 1. Juni 1821 zwischen den Türken und Griechen.

Fontainebleau (Stadt im französischen Departement Seine-et-Oise). Friede am 10. August 1679 zwischen Frankreich und Dänemark. — Geheimer Vertrag vom 27. October 1807 zwischen Frankreich und Spanien, laut welchem Portugal in drei Theile zerstückelt werden sollte. — Gefangenschaft des Papstes Pius VII. vom 20. Juni 1812 bis zu dessen Rückkehr nach Rom am 20. Mai 1814. — Concordat am 25. Januar 1813 zwischen Papst Pius VII. und dem Kaiser Napoleon I. (Ersterer sagte sich los davon am 17. Juni 1817). — Abdankung Napoleon's I. am 11. April 1814.

Fontenoy (Dorf in der belgischen Provinz Hainaut). Schlacht am 12. Mai 1744 zwischen den Franzosen unter Marschall Moritz von Sachsen und dem englisch-oesterreichischen Heere unter dem Herzog von Cumberland und dem Grafen v. Koenigsegg.

Forchheim (Stadt in der bayer'schen Provinz Ober-Franken). Schlacht am 7. August 1796 zwischen den Franzosen unter Jourdan und den Oesterreichern unter Erzherzog Karl.

Foreland (Vorgebirge in der englischen Grafschaft Kent). Seeschlacht vom 11. bis 15. Juni 1666 zwischen den Holländern unter Ruyter und den Engländern unter Monk.

Fornovo (Ortschaft im Herzogthum Parma). Schlacht am 6. Juli 1495 zwischen den Franzosen unter König Karl VIII. und dem venezianisch-päpstlichen Heere unter dem Markgrafen Francesco Gonzaga von Mantua.

Fossalta (Dorf bei Modena). Schlacht am 26. Mai 1249 zwischen den Bolognesern und den Kaiserlichen unter König Enzio, der in Gefangenschaft der Erstern gerieth.

Fossano (Stadt im Fürstenthume Piemont). Schlacht am 5. November 1799 zwischen den Oesterreichern unter Melas und Kray und den Franzosen unter Moreau.

Fougères (Stadt im französischen Departement Ille-et-Vilaine). Schlacht am 1. November 1793 zwischen den Vendéern unter Larochejacquelein und den Republikanern unter Rossignol.

Praga (Stadt in der spanischen Provinz Saragossa). Schlacht im J. 1134 zwischen den Mauren und den Spaniern unter König Alphons I. von Aragonien, der hier den Tod fand.

Francavilla (Stadt in Amerika). Schlacht im J. 1719 zwischen den Oesterreichern und Spaniern (Erfolg unentschieden).

Frankenhausen (Stadt in Schwarzburg-Rudolstadt). Schlacht am 15. Mai 1525 zwischen den Sachsen, Braunschweigern und Hessen und den aufrührerischen Bauern unter Thomas Muentzer.

Francolino (Dorf bei Ferrara im Kirchenstaat). Schlacht am 29. August 1309 zwischen den Päpstlichen unter Cardinal Pelagrua und den Venezianern unter Pietro Gredanigo.

Frankfurt am Main (freie Reichsstadt). Friede im J. 1489 zwischen Kaiser Maximilian I. und den Niederländern. — Anfstand der Vorstädter in Sachsenhausen am 7. und 8. Juli 1848. — Volksversammlung auf der Pfingstweide am 17. September 1848. — Zusammentritt des Vorparlaments am 31. März 1848. — Eröffnung der Nationalversammlung in der Paulskirche am 18. Mai 1848. — Einsetzung einer provisorischen Centralgewalt und des Erzherzogs Johann als Reichsverweser am 29. Juni 1848. — Letzte Sitzung des Bundestags am 13. Juli 1848. — Die Reichsversammlung beschliesst in ihrer 56sten Sitzung am 29. September 1848 »Der Orden der Jesuiten wird aufgehoben.« — Publication der deutschen Grundrechte am 19. Januar 1849. — Wahl König Friedrich Wilhelm's IV. von Preussen zum deutschen Kaiser am 20. März 1849. — Uebersiedelung der deutschen Nationalversammlung nach Stuttgart am 29. Mai 1849*). — Deutscher Fürstentag vom 15. August bis 1. September 1863. Anwesenheit aller deutschen Fürsten mit Ausnahme des Königs Wilhelm von Preussen und des Fürsten von Lippe-Detmold. Erste Conferenz am 17. August. (Das Protokoll führte der k. k. Geh.-Rath v. Biegeleben.)

Fraustadt (Stadt im Grossherzogthum Posen). Schlacht am 31. August 1706 zwischen den Schweden unter Rens-

---

*) Vergleiche Stuttgart.

kjoeld und dem russisch-sächsischen Heere unter Schulenburg.

Frederiksborg (Lustschloss in der dänischen Provinz Seeland). Friede am 23. Juli 1720 zwischen Schweden und Dänemark.

Frederikshald (Stadt in Norwegen). Schlacht am 10. Juni 1808 zwischen den Norwegern und Dänen unter dem Prinzen Christian August von Schleswig-Holstein-Augustenburg und den Schweden unter Armfeldt*).

Fredrikshavn (Stadt im russischen Gouvernement Finland). Seeschlacht am 15. Mai 1790 zwischen den Schweden unter König Gustav III. und den Russen. — Friede am 17. September 1809 zwischen Russland und Schweden, welches Finland, Ost-Bothnien und die Alands-Insel an Russland abtreten muss.

Freiberg (Stadt im Königreich Sachsen). Belagerung der Stadt durch die Schweden unter Baner vom 2. März bis 10. April 1639 und vom 27. December 1642 bis 17. Februar 1643 durch die Schweden unter Torstenson (erfolglos). — Schlacht am 14. October 1762 zwischen den Oesterreichern unter Haddik und den Preussen unter Prinz Heinrich. — Zweite Schlacht am 29. October 1762 zwischen den Preussen und den Oesterreichern unter den eben genannten Anführern. — Einnahme der Stadt durch die Oesterreicher unter General-Major v. Scheither am 18. September 1813.

Freiburg (Stadt im schweizer Cantou gleichen Namens). Ewiger Friede am 29. November 1516 zwischen Frankreich und den schweizer Cantonen, welche sich der Besitznahme Mailand's widersetzt hatten.

Freiburg im Breisgau (Hauptstadt des badischen Oberrheinkreises). Schlacht vom 5. bis 9. August 1644 zwischen den Bayern unter Mercy d'Argenteau und den Franzosen unter Enghien und Turenne.

Freiburg an der Unstrut (Stadt im preussischen Regierungsbezirk Merseburg). Gefecht am 21. October 1813 zwischen den Preussen unter York und den Franzosen unter Bertrand.

Freschweiler (Dorf im französischen Departement Nieder-Rhein). Gefecht am

---

*) Zur Erinnerung an diesen Sieg stiftete achtzehn Tage später, am Geburtstage König Waldemars' II., König Friedrich VI. den Danebrogs-Orden.

22. December 1793 zwischen den Franzosen unter Pichegru und den Oesterreichern unter Wurmser.

Freteval (Marktflecken im französischen Departement Loire-et-Cher). Schlacht am 8 (?) Februar 1194 zwischen den Engländern unter König Richard Löwenherz und den Franzosen unter König Philipp II. August.

Friedberg (Stadt an der Usbach). Schlacht im J. 1762 zwischen den Franzosen und den Verbündeten. — Gefecht am 10. Juli 1796 zwischen den Franzosen unter Jourdan und den Oesterreichern unter Wartensleben.

Friedeberg (Stadt im preussischen Regierungsbezirk Frankfurt an der Oder). Schlacht im J. 1627 zwischen den Kaiserlichen unter Obrist Pechmann, welcher hier sein Leben verlor, und dem protestantischen Corps des Administrators von Magdeburg unter dem Grafen v. Thurn, der nach Schweden floh.

Friedewald (Marktflecken in der kurhessischen Provinz Fulda). Bündniss vom 5. October 1551 zwischen Frankreich, Hessen und Sachsen gegen Kaiser Karl V.

Friedland (Stadt im preussischen Regierungsbezirk Königsberg). Schlacht am 14. Juni 1807 zwischen den Franzosen unter Napoleon und den Russen und Preussen unter Benningsen.

Friedlingen (Schloss zwischen Basel und Hüningen). Schlacht am 14. October 1702 zwischen den Franzosen unter Villars und den Kaiserlichen unter dem Markgrafen Ludwig von Baden.

Fuentes d'Onor (Dorf in der spanischen Provinz Salamanca). Schlacht vom 3. bis 5. Mai 1811 zwischen den Engländern unter Wellington und den Franzosen unter Masséna.

Fuessen (Stadt im bayer'schen Kreise Schwaben). Friede am 22. April 1745 zwischen Oesterreich u. Bayern. — Schlacht am 13. September 1796 zwischen den Oesterreichern und den Franzosen unter Turreau.

G.

Gadebusch (Stadt im Grossherzogthum Mecklenburg-Schwerin). Schlacht am 20. December 1711 zwischen den Schweden unter Stenbock und den Dänen unter König Friedrich IV.

Gaeta (Stadt und Festung in der neapolitanischen Provinz Terra di Lavoro).

Gaisbeuren —— Giurgewo.

Papst Pius IX. flieht von Rom nach Gaeta am 25. November 1848. — **Flucht des Königs Franz II. von Neapel** nach Gaeta am 6. September 1860.
Gaisbeuren (Dorf im württemberg'schen Donaukreise). Schlacht im J. 1165 zwischen Herzog Friedrich III. von Schwaben und Herzog Welf IV.
Galacz (Stadt in der Moldau). Schlacht am 1. Mai 1789 zwischen den Türken und den Russen unter Geismar. — Friedens-Präliminarien am 11. August 1791 zwischen Russland und der Türkei. — Zweite Schlacht am 10. Mai 1828 zwischen den Russen und Türken.
Galiboli (Hauptstadt des gleichnamigen türkischen Ejalets). Seeschlacht im J. 1249 zwischen den Genuesern und Venezianern. — Zweite Seeschlacht am 29. Mai 1416 zwischen den Venezianern unter Pietro Loredano und den Türken.
Gammelsdorf (Dorf bei Moosburg in Ober-Bayern). Schlacht am 9. December 1313 zwischen Kaiser Ludwig dem Bayer und Herzog Friedrich von Oesterreich.
Gamonal (Ortschaft bei Burgos in Spanien). Schlacht am 10. November 1808 zwischen den Franzosen unter Soult und den Spaniern unter dem Marquis de Belvedere.
Garigliano (Fluss in der neapolitanischen Provinz Terra di Lavoro). Schlacht im J. 1503 zwischen den Spaniern unter Gonsalvo de Cordova und den Franzosen unter dem Herzog Franz von Mantua. — Zweite Schlacht am 3. November 1860 zwischen den Sardiniern unter König Victor Emanuel II. und den Neapolitanern.
Gastein (Marktflecken im Salzburgi'schen). Geheimer Allianz-Vertrag vom 16. Januar 1864 zwischen Oesterreich und Preussen.
Gavre (Dorf bei Alost in Belgien). Schlacht am 22. Juli 1452 zwischen den Burgundern und Gentern.
Gemauerthof (Dorf bei Mitau in Kurland). Schlacht am 26. Juli 1705 zwischen den Schweden unter Loewenhaupt und den Russen unter Scheremetjew.
Gembleux (Stadt in der belgischen Provinz Namur). Schlacht am 31. Januar 1578 zwischen den Spaniern unter Don Juan d'Austria und den Niederländern unter Antoine de Goignier, der in spanische Gefangenschaft gerieth.
Gent (Stadt in der belgischen Provinz Ostflandern). Friede am 24. December 1814 zwischen England und Nordamerika.
Genua (Hauptstadt des gleichnamigen Herzogthums). Friede am 12(?) Mai 1355 zwischen Genua und Venedig. — Verschwörung Fieschi's vom 1. bis 4. Januar 1547.
Germantown (Ortschaft im nordamerikanischen Staate Pensylvanien). Schlacht am 4. October 1777 zwischen den Engländern unter Howe und den Nordamerikanern unter Washington.
Germano, siehe **San-Germano**.
Gernsbach (Ortschaft im Grossherzogthum Baden). Gefecht am 29. Juni 1849 zwischen den Preussen unter Pencker und den badischen Insurgenten.
Gerstungen (Marktflecken an der Werra in Thüringen). Friede im J. 1074 zwischen Kaiser Heinrich IV. und den mit den Sachsen verbündeten Thüringern.
Gettysburgh (Ortschaft im nordamerikanischen Staate Pensylvanien). Schlacht vom 1. bis 3. Juli 1863 zwischen den Unionisten und Conföderirten.
Giebelstadt (Dorf bei Ochsenfurt in Niederfranken). Schlacht am 4. Juni 1525 zwischen den schwäbischen Bundestruppen und den aufrührerischen Bauern.
Gingins (Dorf im schweizer Canton Waadt). Schlacht im J. 1535 zwischen den Bernern und Savoyern.
Giornico (Dorf bei Bellinzona in der italienischen Schweiz). Schlacht am 28. December 1478 zwischen den Schweizern und den Mailändern unter dem Grafen Torello.
Gislikon (Ortschaft im schweizer Canton Luzern). Gefecht am 23. November 1847 zwischen dem eidgenössischen Heere und den Truppen des Sonderbunds.
Gisors (Stadt im französischen Departement Eure). Schlacht am 23. October 1194 zwischen den Engländern unter König Richard I. Loewenherz und den Franzosen unter König Philipp II. August. — Zweite Schlacht im J. 1288 zwischen den Engländern unter König Heinrich II. und den Normannen.
Gispich (Dorf in Kroatien). Schlacht am 21. Mai 1809 zwischen den Franzosen und Oesterreichern.
Gitschin (Stadt im böhmischen Kreise Bidschow). Schlacht am 29. Juni 1866 zwischen den Preussen unter König Wilhelm I. und den Oesterreichern und Sachsen unter Feldmarschall-Lieutenant Grafen Clam-Gallas (?).
Giurgewo (Stadt in der Walachei).

Gladigau —— Grimma. 25

Schlacht am 4. März 1770 zwischen den Russen unter Ohlitz und den Türken. — Zweite Schlacht am 17. August 1771 zwischen den Türken und den Russen unter Essen. — Dritte Schlacht am 3. Februar 1773 zwischen den Russen unter Romanow und den Türken unter dem Seraskier. — Vierte Schlacht am 25. September 1811 zwischen den Russen und Türken.

Gladigau (Dorf bei Osterburg im preussischen Regierungsbezirk Potsdam). Gefecht im J. 1240 zwischen den Markgrafen Otto und Johann I. von Brandenburg und den Erzbischöfen von Magdeburg und Halberstadt (Letzterer wird hier gefangen genommen).

Glueckstadt (Stadt im Herzogthum Holstein). Friede im J. 1667 zwischen Oldenburg und Lübeck.

Goedoelloe (Marktflecken im Pesther Comitat in Ungarn). Schlacht am 9. April 1849 zwischen den Ungarn unter Guyon und den Oesterreichern unter Windischgraetz.

Goehrde (Vorwerk im hannover'schen Fürstenthum Lüneburg). Schlacht am 6. September 1813 zwischen den Alliirten unter Wallmoden und den Franzosen unter Morreau.

Goellheim (Dorf bei Kirchheim-Bollanden in der bayer'schen Pfalz). Schlacht am 2. Juli 1298 zwischen Kaiser Albrecht I. von Oesterreich und Kaiser Adolph von Nassau, der hier fiel *).

Goito (Stadt am Mincio in der lombardischen Provinz Mailand). Schlacht am 8. April 1848 zwischen den Sardiniern unter König Karl Albert und den Oesterreichern unter Radetzky.

Goscza (Ortschaft in Polen). Uebernahme der Dictatur durch Langiewicz am 10. März 1863.

Gounib (Berg im Kaukasus). Schamyl ergiebt sich hier dem russischen Oberbefehlshaber Fürsten Bariatinsky am 6. September 1859.

Grabowice (Stadt im polnischen Gouvernement Lublin). Waffenstillstand am 12. September 1831 zwischen den Polen und Russen.

Gradaszac (Stadt in Bosnien). Schlacht am 3. November 1850 zwischen den Türken unter Omer Pascha und den bosnischen Insurgenten.

Gran (Stadt im ungarischen Comitate gleichen Namens). Schlacht am 10 (?) August 1663 zwischen den Türken und Ungarn. — Zweite Schlacht am 16. August 1683 zwischen den Oesterreichern und Türken.

Granja (Lustschloss bei Segovia in Spanien). Revolution am 12. Juni 1836. Königin Christine wird gezwungen, die Verfassung von 1812 herzustellen.

Granson (Marktflecken im schweizer Canton Waadt). Schlacht am 3. März 1476 zwischen den Schweizern und Herzog Karl dem Kühnen von Burgund *).

Gratensee (Dorf bei Rotenburg an der Tauber in Württemberg). Schlacht am 23. Mai 1703 zwischen den fränkischen Kreistruppen und den Bayern unter Maffre.

Gravelines (Stadt und Festung im französischen Departement Nord). Zusammenkunft am 10. Juli 1520 zwischen Kaiser Karl V. und König Heinrich VIII. von England. — Schlacht am 13. Juli 1558 zwischen den Spaniern und Niederländern unter Alba und Egmont und den Franzosen. — Zweite Schlacht im J. 1644 zwischen den Franzosen unter dem Herzog von Orléans und den Kaiserlichen.

Gravenbroeck (Ortschaft in Westphalen). Schlacht am 14. Juni 1648 zwischen den Hessen und Oesterreichern unter Lamboy.

Grebenstein (Stadt in der kurhessischen Provinz Nieder-Hessen). Gefecht am 24. Juni 1762 zwischen den Alliirten unter Herzog Ferdinand von Braunschweig und den Franzosen unter den Marschällen d'Estrées und Soubise.

Grevelingen (Ortschaft in Holland). Seeschlacht am 18. Februar 1639 zwischen der holländischen Flotte unter Admiral Tromp und der spanischen.

Grimma (Stadt bei Leipzig in Sachsen). Stiftung der Fürstenschule durch Kurfürst Moritz von Sachsen am 21. Mai 1549.

*) Letzterem wurde hier unter einer Ulme ein Denkmal gesetzt (das Königskreuz). Diese Schlacht, auch bekannt u. d. N. Schlacht am Hasenbühl, hat einen Beschreiber in der Person des Kölner Erzbischofs Johannes v. Geissel gefunden. Diese Schrift, betitelt „Die Schlacht am Hasenbühl" (Speier 1835 8.) gehört zu den bibliographischen Seltenheiten.

*) Die Schweizer erbeuteten in dieser Schlacht über 1 Million rheinischer Gulden, darunter 4 Centner Silbergeschirr und unter den Geschmeiden Karls des Kühnen auch jenen berühmten Diamanten, den bald darauf Jakob Fugger käuflich an sich brachte. Fugger soll ihn später an König Heinrich VIII. von England verkauft haben. Dieser schenkte ihn seiner Tochter Maria, welche ihn ihrem Bräutigam, König Philipp II. von Spanien, als Theil ihrer Mitgift mitgebracht haben soll.

Grisuelle (Dorf bei Philippeville in der belgischen Provinz Namur). Schlacht im J. 1792 zwischen den Oesterreichern unter Clerfayt und den Franzosen unter Gonvion, der hier getödtet wird.

Grochów (Dorf im polnischen Gouvernement Massovien). Schlacht am 20. Februar 1831 zwischen den Polen unter Skrynecki und den Russen unter Rosen.

Grocska (Marktflecken im Fürstenthum Serbien). Schlacht am 22. Juli 1739 zwischen den Türken unter dem Grosswesir Aywas-Mehmed und Bonneval und den Oesterreichern unter Wallis.

Grodau (Ortschaft in der Walachei). Schlacht am 23. December 1806 zwischen den Russen unter Michelson und den Türken.

Gross-Beeren (Dorf im preussischen Regierungsbezirk Potsdam). Schlacht am 23. August 1813 zwischen der russisch-schwedisch-preussischen Armee unter dem Kronprinzen Karl Johann von Schweden und Buelow und den Franzosen, Bayern, Württembergern und Sachsen unter Marschall Oudinot.

Gross-Goerschen (Dorf im preussischen Regierungsbezirk Merseburg). Schlacht am 2. Mai 1813 zwischen den Verbündeten unter Wittgenstein und den Franzosen unter Napoleon.

Gross-Jaegerndorf (Stadt in Oesterreichisch-Schlesien). Schlacht am 30. August 1757 zwischen den Russen unter Apraxin und den Preussen unter Lehwald. (Sieg unentschieden.)

Grosswardein (Stadt im Biharer Comitat in Ungarn). Friede am 24. Februar 1538 zwischen Johann Zapolya und Ferdinand von Oesterreich.

Grossenhain (Stadt bei Dresden). Gefecht am 27. August 1813 zwischen den Franzosen und Russen.

Guadalquivir (Fluss in Spanien). Seeschlacht im J. 1233 zwischen König Ferdinand III. von Castilien und der maurischen Flotte.

Guadeloupe (Insel in Westindien). Seeschlacht am 12. April 1782 zwischen der englischen Flotte unter Admiral Rodney und der spanisch-französischen unter Grasse.

Guadeloupe-Hidalgo (Ortschaft in Mexiko). Friede am 2. Februar 1848 zwischen den Nordamerikanern und Mexikanern.

Gualdras (Ortschaft in Marocco). Schlacht am 23. März 1860 zwischen den Spaniern unter O'Donnel und den Maroccanern.

Guanahani (Insel in Amerika). Columbus entdeckt Amerika am 12. October 1492.

Guastalla (Hauptstadt des gleichnamigen Herzogthums in Oberitalien). Schlacht am 19. September 1734 zwischen der französisch-sardinischen Armee unter König Karl Emanuel I. und den Oesterreichern unter Königsegg.

Gudsoe (Ortschaft bei Veile in Jütland). Gefecht am 7. Mai 1849 zwischen den Schleswig-Holsteinern und Dänen.

Guilford (Marktflecken im nordamerikanischen Staate Connecticut). Schlacht am 19. März 1781 zwischen den Engländern unter Lord Cornwallis und den Nordamerikanern unter Greene.

Guinegate (Dorf bei Aire im französischen Departement Pas-de-Calais). Schlacht am 24. August 1477 zwischen den Kaiserlichen unter Kaiser Maximilian I. und den Franzosen unter Ludwig XI. — Zweite Schlacht am 17. August 1513 zwischen den Engländern unter König Heinrich VIII. und den Franzosen unter König Ludwig XII*).

Gulistan (Ortschaft in Persien). Friede am 12. October 1815 zwischen Russland und Persien. (Letzteres verlor dadurch die Länder am Kaukasus.)

Gusurate (Provinz in Ostindien). Schlacht am 21. Februar 1849 zwischen den Engländern unter Gongh und den Sikhs unter Sirdar Cutter Singh und dem Rajah Shere Singh.)

Gwalior (Stadt in der vorderindischen Provinz Agra). Friede am 14. Januar 1844 zwischen Lord Ellenborough und dem Maharadscha von Gwalior. — Schlacht am 4. Februar 1858 zwischen den Engländern unter General Inglis und den Rebellen.

H.

Haag (Hauptstadt des Königreichs Holland). Haager Concert vom 31. März 1710 (Vereinigung des deutschen Kaisers, des Königs von Preussen, des Kaisers von Russland und der Seemächte zur Aufrechthaltung der Neutralität Norddeutschlands gegen Frankreich). — Tripelallianz am 4. Januar 1717 zwischen Frankreich, England und Holland). — Friede am 17. Februar 1717 zwischen Oesterreich, Spanien und Savoyen. — Vertrag vom 27. Juni

*) Bekannt u. d. Namen der Sporenschlacht (Journée des éperons).

1836 zwischen Holland und Nassau, worin Letzteres seinen Ansprüchen auf Luxemburg entsagt.

Habelschwerdt (Stadt im schlesischen Regierungsbezirke Breslau). Schlacht am 13. Februar 1745 zwischen den Preussen unter Lehwald und den Oesterreichern.

Hagenau (Stadt in Nieder-Elsass). Fortsetzung des am 6. Juni 1540 zu Speyer begonnenen Convents am 25. Juni 1540.

Halicz (Stadt in Galizien). Schlacht im J. 1462 zwischen den Russen und dem Usurpator Demetrius.

Halidown - Hill (Hügel bei Berwick in Schottland). Schlacht am 13. August 1333 zwischen den Engländern unter König Eduard III. und den Schotten unter dem Reichsverweser Archibald Douglas, der in dieser Schlacht seinen Tod fand.

Halmstad (Hauptstadt im schwedischen Län Halland). Vertrag vom J. 1450 zwischen Karl VIII. von Schweden und Christian I. von Dänemark.

Halys (Fluss in Klein-Asien). Schlacht am 30. (nach neueren Forschungen am 13.) September 610 vor Christi Geburt zwischen den Persern und Griechen.

Ham (Stadt im französischen Departement Somme). Louis Napoleon, nach dem Boulogner Attentat (Vimereux) am 6. October 1840 zu lebenslänglicher Haft verurtheilt, entkommt hier aus seiner Gefangenschaft am 25. Mai 1846, und flieht nach England.

Hambach (Dorf in der bayer'schen Rheinpfalz). Volksversammlung am 27. und 28. Mai 1832.

Hamburg (freie Reichsstadt). Friede am 14. Februar 1536 zwischen Schweden und der Hansa. — Hinrichtung der beiden Volksaufwiegler Cort (oder Konrad) Jastram u. Hieronymus Schnitger am 4. October 1686*). — Aufstand der Mayerianer (so genannt nach deren Führer) am 23. November 1693. — Zweiter Friede am 22. Mai 1762 zwischen Preussen und Schweden. — Plünderung der Bank durch Davout am 5. November 1813. — Grosser Brand vom 5. bis 8. Mai 1842.

Handschuchsheim (Marktflecken zwischen Mannheim und Heidelberg im Grossherzogthum Baden). Schlacht am 25. September 1795 zwischen den Oesterreichern unter Quosdanovich und den Franzosen unter Dufour.

Hannover (Hauptstadt des gleichnamigen Königreichs). Friede am 8. Februar 1814 zwischen Russland und Dänemark. — Revision der Verfassung vom 5. September 1848.

Harlaw (Ortschaft in Schottland). Schlacht im J. 1411 zwischen den Schotten unter dem Grafen von May und den Engländern unter König Heinrich IV.

Haseluene (Stadt im Fürstenthume Osnabrück). Gefecht am 16.(?) Januar 1637 zwischen den Kaiserlichen und den Schweden unter Feldmarschall Kniphausen, der auf dem Schlachtfelde blieb.

Hasselt (Stadt in der belgischen Provinz Limburg). Schlacht am 7. und 8. August 1831 zwischen den Holländern unter dem Prinzen von Oranien und den Belgiern unter General Daine.

Hastenbeck (Dorf bei Hameln im Königreich Hannover). Schlacht am 26. Juli 1757 zwischen den Franzosen unter Marschall d'Estrées und den Verbündeten unter dem Herzog von Cumberland.

Hastings (Marktflecken in der englischen Grafschaft Sussex). Schlacht am 14. October 1066 zwischen Wilhelm dem Eroberer und König Harald von England.

Haustetten (Dorf in Bayern). Schlacht am 26. August 1796 zwischen den Franzosen unter Moreau und den Oesterreichern unter Latour.

Hayti (eine der grossen Antillen in Westindien). Seeschlacht am 12. April 1782 zwischen den Engländern unter Lord Rodney und den Franzosen unter dem Grafen de Grasse, der in Gefangenschaft gerieth.

Helsingborg (Stadt und Festung im schwedischen Malmö-Län). Friede im J. 1343 zwischen König Magnus von Schweden und den Hansestädten. — Schlacht am 11. März 1710 zwischen dem schwedischen Bauernheere unter Stenbock und den Dänen unter Rantzau.

Hegyes (Ortschaft in Ungarn). Schlacht am 14. Juli 1849 zwischen den Ungarn unter Guyon und den Kroaten unter Jellachich.

Heide (Dorf zwischen Meldorp und Ham-

---

*) Darüber existirt eine höchst seltene Schrift, die u. d. Tittel „Wahrhafftig-Abbildender Aufruhr- und Empörungs-Spiegel, in welchem alle unruhige und verwegene Köpffe gar leicht und eigentlich zu erkennen seyn etc., wobey eine kurtze Erzehlung dessen, was in Hamburg etliche Jahre hero durch die beyde hingerichteten Haupt-Redelsführer C. Jastram und H. Schnitger verübet worden." (Friedberg 1687. 4.). Das einzige Exemplar, das ich bis jetzt davon gesehen habe, besitzt die Leipziger Stadtbibliothek.

mingstedt in Ditmarschen). **Schlacht am 17. Februar 1500** zwischen den Ditmarschen*) und den Dänen unter König Johann.

Heidenheim (Stadt im bayer'schen Kreise Mittelfranken). **Schlacht am 11. August 1796** zwischen den Franzosen unter Moreau und den Bayern.

Heilbronn (Stadt im württembergischen Neckarkreise). **Vertrag vom 12 (?) März 1633** zwischen den protestantischen Ständen Deutschlands mit den Gesandten Frankreichs, Englands und Hollands zur Fortsetzung des Krieges gegen Oesterreich.

Heiligerlee (Ortschaft in Ost-Friesland). **Schlacht am 24. Mai 1568** zwischen Ludwig von Nassau und den Spaniern.

Helgoland (Insel an der Küste Holsteins). Der Herzog von Gottorp tritt diese Insel im J. 1217 an Dänemark ab. — **Vertrag vom 16. September 1815**, laut welchem König Friedrich VI. Helgoland an England abtreten muss.

Hempach (Marktflecken zwischen Nürnberg und Augsburg in Bayern). **Schlacht im J. 1450** zwischen den Nürnbergern und Schweizern und dem Kurfürsten Albrecht Achilles von Brandenburg.

Hems (Stadt im türkischen Ejalet Damask). **Schlacht am 7. Juli 1832** zwischen den Truppen Ibrahim Pascha's und dem Statthalter von Haleb.

Hennersdorf (Dorf bei Lauban im preussischen Regierungsbezirk Liegnitz). **Schlacht am 23. November 1745** zwischen den Preussen unter König Friedrich II. und den Sachsen.

Heppenheim (Stadt im Grossherzogthum Hessen-Darmstadt). **Gefecht am 30. Mai 1849** zwischen den hessisch-darmstädtischen Truppen und den Sigel'schen Freischaaren.

Hermannstadt (Hauptstadt des Fürstenthums Siebenbürgen). **Schlacht am 18. März 1442** zwischen den Ungarn unter Johannes Hunyady und den Türken unter Amurat II.

Hernani (Ortschaft in Spanien). **Schlacht am 12. Mai 1835** zwischen den Carlisten und Christinos.

Herrenhausen (Ortschaft bei Hannover). **Allianz vom 3. September 1725** zwischen Frankreich, England und Preussen.

Herrera (Ortschaft in Spanien.) **Schlacht am 25. August 1837** zwischen den Carlisten unter Cabrera und den Christinos.

Hexham (Marktflecken in der englischen Grafschaft Northumberland). **Schlacht am 15. Mai 1464** zwischen den Engländern unter Montague und den Schotten unter Somerset.

Hilton-Head (Ortschaft in der Nähe von Portroyal im nordamerikanischen Staate Virginia). **Schlacht am 3. Januar 1862** zwischen den Unionisten und Conföderirten.

Hochheim (Stadt im Herzogthum Nassau). **Schlacht am 6. Januar 1793** zwischen den Preussen und Franzosen. — **Zweite Schlacht am 9. November 1813** zwischen den Oesterreichern unter Gyulai und den Franzosen unter Bertrand.

Hochkirch (Dorf in der sächsischen Lausitz). **Schlacht am 14. October 1758** zwischen den Oesterreichern unter Daun und den Preussen unter König Friedrich II. — **Zweite Schlacht am 20. und 21. Mai 1813** zwischen den Franzosen unter Marmont und Macdonald und den Alliirten unter Bluecher.

Hoechst (Stadt im Herzogthume Nassau). **Schlacht am 10. Juni 1622** zwischen den Kaiserlichen unter Tilly und den Protestanten unter Herzog Christian von Braunschweig. — **Zweite Schlacht am 11. October 1795** zwischen den Oesterreichern unter Clerfayt und den Franzosen unter Jourdan.

Hoechstaedt (Stadt im bayer'schen Kreise Schwaben). **Schlacht am 10. September 1703** zwischen den Bayern unter dem Kurfürsten Karl Emanuel und den Kaiserlichen unter dem Grafen Styrum. — **Zweite Schlacht am 13. August 1704** zwischen den Engländern und Oesterreichern unter Marlborough und dem Prinzen Eugen und den Franzosen und Bayern unter Tallard und dem Kurfürsten von Bayern. — **Dritte Schlacht am 15 (?) Juni 1800** zwischen den Franzosen und Oesterreichern.

Hoogland (Insel im finischen Meerbusen). **Seeschlacht am 10. Juli 1788** zwischen den Russen unter Admiral Grey und den Schweden unter Herzog Karl von Södermanland.

Hoegsars (Dorf im russischen Finland). **Schlacht am 24. August 1789** zwischen den Russen und Schweden unter König Gustav III.

Hogue, Cap de la (Dorf im französischen

---

*) Else, eine Jungfrau aus dem Kirchspiele Oldenvörde, hatte hier der Mutter Gottes ewige Keuschheit gelobt, um würdig zu sein, ihren Landsleuten im Schlachtgewühle das Crucifix als Banner voranzutragen.

Departement La Manche). **Seeschlacht am 29. Mai 1692** zwischen der englischen und französischen Flotte.

Hohenfriedberg (Stadt im preussischen Regierungsbezirk Liegnitz). **Schlacht am 4. Juni 1745** zwischen den Preussen unter König Friedrich II. und den Oesterreichern unter Herzog Karl von Lothringen*).

Hohenlinden (Dorf in Ober-Bayern). **Schlacht am 3. December 1800** zwischen den Franzosen unter Moreau und dem oesterreichisch-bayer'schen Heere unter Erzherzog Johann.

Holowczyn (Stadt im russischen Kreise Mohihew). **Schlacht am 3. Juli** (nach Andern 7. September) **1708** zwischen den Schweden unter König Karl XII. und den Russen unter Czar Peter I. und Mentschikoff.

Hooghlede (Marktflecken in der belgischen Provinz Westflandern). **Schlacht am 15. Juni 1794** zwischen den Franzosen unter Moreau und den Oesterreichern unter Clorfayt.

Hoogstraten (Stadt in der belgischen Provinz Antwerpen). **Gefecht am 11. Januar 1814** zwischen den Alliirten und den Franzosen.

Hubertusburg**) (Jagdschloss im sächsischen Kreise Leipzig). **Friede am 15. Februar 1763** zwischen König Friedrich II. von Preussen und Kurfürst August II. von Sachsen. (Ende des siebenjährigen Krieges.)

Huesca (Stadt in der spanischen Provinz Aragon). **Schlacht am 24. Mai 1837** zwischen der französischen Fremdenlegion unter General Conrard und den Christinos unter General Iribarren.

Huikiae (Ortschaft im türkischen Ejalet Rum-Ili). **Schlacht am 16. September 1527** zwischen den Türken unter Soliman II. und dem Beglerbeg von Rumelien.

Huls (Ortschaft in der preussischen Rheinprovinz). **Schlacht am 9. November 1583** zwischen dem in die Acht erklärten Erzbischof Gebhard Truchsess von Köln und seinem Nachfolger Ernst von Bayern.

Hunkiar-Skelessi (Ortschaft im türki-

---

*) Nach dieser Schlacht, in welcher die österreichische Armee 16,000 Mann, 60 Kanonen und 72 Fahnen verlor, schrieb Friedrich II. an Ludwig XV.: „Je viens d'acquitter en Silésie la lettre de change que Votre Majesté a tirée sur moi à Fontenoy."

**) Hier wurde vom Kurfürsten August II. am 7. October 1736 der Heinrichs-Orden gestiftet.

schen Ejalet Natolien). **Allianz-Vertrag vom 20. Juli 1833** zwischen Russland und der Türkei.

Hutten (Ortschaft in der Schweiz). **Schlacht am 21 (?) Juli 1712** zwischen den Züricherrn und Schwyzern.

Hyderabad (Provinz in Vorder-Indien). **Schlacht am 20. Februar 1843** zwischen den Engländern unter General Charles Napier und dem Häuptling der Beludschen, Mir Schir Mahommed.

I.

Idstedt (Dorf in Schleswig). **Schlacht am 24. und 25. Juli 1850** zwischen den Dänen unter Krogh und den Schleswig-Holsteinern unter Willisen.

Iganie (Ortschaft in der polnischen Woiwodschaft Podlachien). **Schlacht am 10. April 1831** zwischen den Polen unter General Prondzynski und den Russen unter General Rosen.

Iglau (Stadt in Mähren). **Friede am 4. October 1278** zwischen Kaiser Rudolph I. von Habsburg und dem minderjährigen Sohne König Ottokar's von Böhmen, Wenzel IV., welcher als Lehnsträger Böhmens und Mährens bestätigt wird. — **Schlacht am 4. December 1805** zwischen den Oesterreichern unter Erzherzog Ferdinand und den Bayern unter Wrede.

Illyefalva (Ortschaft in Siebenbürgen). **Gefecht am 25. Juli 1849** zwischen den Ungarn unter General Bem und den Oesterreichern unter Clam-Gallas.

Ingavi (Ortschaft in Nieder-Peru). **Schlacht am 18. November 1841** zwischen dem Präsidenten von Bolivia, General Ballivian, und dem Präsidenten von Nieder-Peru, General Gamarra, der hier sein Leben einbüsste.

Inigo (Ortschaft in Spanien). **Treffen am 1. August 1836** zwischen den Christinos unter Bernelle und den Carlisten unter Villareal.

Inkerman (Ortschaft in der Krim). **Schlacht am 5. November 1854** zwischen dem französisch-englischen Heere und den Russen unter General-Lieutenant Dannenberg.

Inverlochy (Ortschaft in der schottischen Grafschaft Inverness). **Schlacht am 10. (?) December 1644** zwischen den Schotten unter Montrose und den Engländern.

Irnis (Marktflecken im schweizer Canton Tessin). **Schlacht im J. 1478** zwischen den Schweizern und Mailändern.

Irursum (Dorf in Spanien). Schlacht am 6. Juli 1795 zwischen den Franzosen und Spaniern.

Iskanderun (Stadt im türkischen Ejalet Adana). Schlacht am 19. April 1832 zwischen den Aegyptern und Türken.

Isly, siehe **Ysly.**

Ismaïl (Festung im russischen Gouvernement Bessarabien). Schlacht am 6. August 1770 zwichen den Türken und Russen. — Zweite Schlacht am 22. December 1790 zwischen den Russen unter Suwarow und den Türken.

Isny (Stadt im württembergischen Donaukreise). Gefecht am 20. September 1796 zwischen den Oesterreichern und Franzosen.

Isos (Seestadt in Sicilien*). Seeschlacht im J. 333 vor Christus zwischen Alexander dem Grossen und den Persern unter König Darius.

Issy l'Évêque Marktflecken bei Autun im französischen Departement Saône-et-Loire). Gefecht am 2. und 3. Juli 1815 zwischen den Preussen und Franzosen unter Davout.

Iturgoyen (Ortschaft in Spanien). Schlacht am 1. August 1834 zwischen den Christinos unter Rodil und den Carlisten unter Zumala-Carreguy.

Ivry (Marktflecken im französischen Departement (Eure). Schlacht am 14. März 1590 zwischen König Heinrich IV. und dem Gegenkönig Charles, Duc de Mayenne.

J.

Jaen (Hauptstadt in der spanischen Provinz gleichen Namens). Schlacht im J. 1157 zwischen König Alphons VII. und den Mauren.

Jabsa (Levitenstadt in Ost-Palästina). Schlacht im J. 1605 vor Christus zwischen den Israeliten und Moabitern.

Jaicza (Stadt im türkischen Ejalet Bosna). Schlacht am 26. (?) April 1525 zwischen den Ungarn unter Christoph Frangipani und den Türken unter Usreff Pascha.

Jakobstadt (Stadt im kurländischen Gouvernement Mitau). Schlacht im J. 1704 zwischen den Schweden unter Loewenhaupt und den Russen unter Scheremetjew.

Jalowas (Ortschaft in Ungarn). Schlacht am 24. December 1443 zwischen den Ungarn unter Johannes Hunyadi und den Türken unter Amurat II.

Jambol (Stadt im türkischen Sandschak Philippopel). Gefecht am 2. August 1829 zwischen den Russen unter Scheremetjew und den Türken unter Halil Pascha.

Jankowitz (Marktflecken im böhmischen Kreise Kaurzim). Schlacht am 6. März 1645 zwischen den Schweden unter Torstenson und den Oesterreichern unter Hatzfeldt, der in Gefangenschaft gerieth.

Jarnac (Marktflecken bei Cognac im französischen Departement Charente). Schlacht am 15. März 1569 zwischen den Katholiken unter dem Herzog Heinrich von Anjou und den Hugenotten unter Condé, welcher hier gefangen und erschossen ward.

Jassy (Hauptstadt an der Moldau). Friede am 9. Januar 1792 zwischen Russland und der Türkei. (Ersteres erhielt Oczakow und das Land zwischen dem Dnepr und Dniester).

Jemappes (Dorf in der belgischen Provinz Hainaut) Schlacht am 6. November 1792 zwischen den Franzosen unter Dumouriez und den Oesterreichern unter dem Herzog von Teschen.

Jena (Stadt in Sachsen-Weimar). Schlacht am 14. October 1806 zwischen den Franzosen unter Napoleon und den Preussen und Sachsen unter dem Prinzen v. Hohenlohe.

Jendrzejow (Ortschaft in Polen). Treffen am 13. Mai 1832 zwischen den Polen und Russen.

Jenikale (Ortschaft am schwarzen Meere) Seeschlacht am 19. Juli 1791 zwischen der türkischen Flotte unter Kapudan-Pascha und der russischen unter Uschakoff. — Zweite Seeschlacht am 9. und 11. September 1791 zwischen den Russen unter Uschakoff und den Türken unter Kapudan-Pascha.

Jemmelgen an der Ems (Ort in Ost-Friesland). Schlacht am 21. Juli 1568 zwischen den Spaniern unter Alba und den Holländern unter Ludwig von Nassau.

Joenkoeping (Stadt in der schwedischen Provinz Småland). Friede am 10. December 1809 zwischen Schweden und Dänemark.

Josselin (Stadt im französichen Departement Morbihan). Gefecht am 14. Juli 1795 zwischen den Republikanern unter Hoche und den Vendéern unter Tintinier, welcher hier sein Leben verlor.

Jostberg (Berg bei Morgarten in der Schweiz). Gefecht am 6 (?) Mai 1799

---

*) Wahrscheinlich das jetzige Ajazzo.

Judenburg —— Karystos. 31

zwischen den Schweizern und Oesterreichern und den Franzosen.
Judenburg (Stadt im österreichischen Herzogthume Steyermark). Waffenstillstand am 7. April 1797 zwischen Frankreich und Oesterreich.
Jueterbogk (Stadt im preusischen Regierungsbezirk Potsdam). Schlacht am 23. November 1644 zwischen den Schweden unter Torstenson und den Kaiserlichen unter Gallas.

K.

Kaeferthal (Ortschaft bei Mannheim im Grossherzogthum Baden). Gefecht am 15. Juni 1849 zwischen den Hessen unter Obrist Weiss und den badischen Insurgenten.
Kagul (See in der russischen Provinz Bessarabien). Schlacht am 13. August 1770 zwischen den Russen unter Rumjanzoff und den Türken unter dem Grosswesir Halil Pascha.
Kaisarieh (Stadt im türkischen Ejalet Karaman). Schlacht am 25. April 1600 zwischen den Rebellen unter Abdul Halim und den Türken.
Kaiserslautern (Stadt in Rheinbayern). Schlacht am 1. December 1793 zwischen den Deutschen unter dem Herzog Karl von Braunschweig und den Franzosen unter Hoche. — Zweite Schlacht am 22. Mai, 25. Juli und 20. September 1794 zwischen den Preussen unter Hohenlohe und den Franzosen unter Pichegru.
Kalisch (Stadt im Königreich Polen). Schlacht am 29. October 1706 zwischen den Russen unter Méntschikoff und dem schwedisch-polnischen Heere unter Marderfeld. — Gefecht am 13. Mai 1813 zwischen den Russen und Franzosen. — Allianz-Vertrag vom 26. Februar 1813 zwischen Preussen und Russland.
Kallikinos (Hügel in Thessalien). Schlacht im J. 171 vor Christus zwischen den Macedoniern unter König Perseus und den Römern.
Kalliepolis (Stadt in der Türkei). Schlacht am 29. Mai 1416 zwischen der türkischen Flotte unter Mahomed I. und der venezianischen.
Kamiuiec (Stadt im russischen Gouvernement Podolien). Schlacht am 22. October 1633 zwischen den Polen und Türken. — Friede am 17. December 1653 zwischen den Türken und Polen.
Kanagawa (Ortschaft in Japan). Vertrag am 31. März 1854 zwischen der amerikanischen Flotte unter Matthew Calbraith Perry und den Japanesen.
Kanagnara (Ortschaft in der Türkei). Schlacht am 8. Juli 1773 zwischen den Russen unter Rumjanzoff und den Türken unter dem Kapudan-(?)Pascha Hassan.
Kandern (Ortschaft im badischen Seekreise). Treffen zwischen den Badensern unter Oberst von Hinkeldey und den republikanischen Freischaaren unter Hecker.
Kapolna (Ortschaft in Ungarn). Schlacht am 27. Februar 1849 zwischen den Oesterreichern unter Schlick und Windischgraetz und den Ungarn unter Dembinski.
Kappel (Dorf im Canton Zürich). Schlacht am 11. October 1531[*] zwischen dem protestantischen Zürich und den katholischen Cantonen der Schweiz*).
Karakó (Ortschaft in Ungarn (?)). Schlacht am 9. Juni 1809 zwischen den Franzosen und Oesterreichern.
Kardis (Dorf in Livland). Friede am 21. Juni 1661 zwischen Russland und Schweden.
Karga (Fluss in der Moldau). Schlacht am 18. Juli 1770 zwischen den Russen unter Rumjanzoff und den Türken unter dem Grosswesir Halil-Pascha.
Karkali Dere (Dorf bei Silistria in Bulgarien). Schlacht am 23. Juli 1809 zwischen den Türken und Russen.
Karlowitz oder **Carlovicz** (Stadt in der slawonischen Militairgrenze). Friede am 26. Januar 1699 zwischen der Pforte und Oesterreich, Russland und Polen.
Karlsbad (Stadt im böhmischen Kreise Ellenbogen). Gründung des Kurorts am 13. September 1359. — Minister-Congress der deutschen Bundesstaaten, berüchtigt durch die am 20. September 1819 daselbst gefassten Beschlüsse.
Kars (Hauptstadt des gleichnamigen Ejalet im türkischen Asien). Schlacht am 31. Mai 1744 zwischen den Persern und Türken. — Zweite Schlacht am 1. Juli 1828 zwischen den Russen unter Paskewitsch und den Persern. — Dritte Schlacht am 28. November 1855 zwischen den Russen unter Murawieff und den Persern unter Wassif Pascha und dem britischen General Williams.
Karystos (Meerbusen von). Seeschlacht am 29. August 1348 zwischen der venezianischen Flotte unter

*) In dieser Schlacht fiel Ulrich Zwingli.

Ruzini und Morosini und der genuesischen.

Kaschau (Stadt im obaujvarer Comitat in Ungarn). Schlacht am 4. Januar 1849 zwischen den Oesterreichern unter Schlick und den Ungarn unter Mészáros.

Kassowa, siehe Amselfeld.

Katzbach (Fluss im schlesischen Regierungsbezirk Liegnitz). Schlacht am 26. August 1813 zwischen dem preussisch-russischen Heere unter Bluecher und den Franzosen unter Macdonald.

Kay (Dorf im preussischen Regierungsbezirk Frankfurt an der Oder). Schlacht am 23. Juli 1759 zwischen den Russen unter Soltikoff nnd den Preussen unter Wedell.

Kenyermezö (Ortschaft in Siebenbürgen). Schlacht am 11. October 1479 zwischen den Türken und den Ungarn unter Lazar v. Andrásy, der hier seinen Tod fand.

Keresades (Dorf im ungarischen Comitat Sarosch). Schlacht am 24. October 1596 zwischen den Türken unter dem Grosswesir Cigala und den Ungarn.

Kerkuk oder **Kerkut** (Stadt im türkischen Ejalet Schehrsor). Schlacht am 22. October 1733 zwischen den Türken unter Topal Osman und den Persern unter Nadir-Schah.

Kesselsdorf (Dorf bei Dresden). Schlacht am 15. December 1745 zwischen den Preussen unter dem Fürsten Leopold von Dessau und den Sachsen.

Kiel (Stadt in Holstein). Friede am 14. Januar 1814 zwischen Schweden und Dänemark, das Norwegen an Schweden abtreten muss.

Killkranky (Ortschaft in Schottland). Schlacht im J. 1688 zwischen König Jakob II. und den Anhängern König Wilhelm's III. unter Mackay.

Killala (Stadt in der irischen Grafschaft Clare). Schlacht am 23. September 1798 zwischen den Irländern unter Cornwallis und den Franzosen unter General Humbert.

Kilsyth (Marktflecken in der schottischen Grafschaft Stirling). Schlacht am 15. August 1645 zwischen den Schotten unter Montrose und den Engländern (Convenants).

Kingston, richtiger **Klinton** (Stadt in der englischen Grafschaft Surrey). Schlacht am 23. October 1643 zwischen dem Prinzen Rupert von der Pfalz und dem Grafen Essex.

Kirchholm (Stadt bei Riga in Livland). Schlacht am 27. September 1605 zwischen den Polen unter Chodkiewicz und den Schweden unter König Karl IX.

Kissingen (Stadt im bayer'schen Kreise Unter-Franken). Gefecht am 10. Juli 1867 zwischen den Preussen und Bayern.

Kjoeger Bucht (in der Ostsee). Seeschlacht am 1. Juli 1677 zwischen der dänischen Flotte unter Niels Juel und der schwedischen unter Henrik Horn. — Zweite Seeschlacht am 16. Juni 1710 zwischen der schwedischen Flotte und der dänischen unter Gyldenloew (Sieg unentschieden).

Kleczkow (Stadt im polnischen Gouvernement Kalisch). Schlacht im J. 1506 zwishen den Polen unter Michail Glinski und den Tataren*).

Kliastiza (Dorf im russischen Gouvernement Witebsk). Schlacht am 31. Juli 1812 zwischen den Russen unter Wittgenstein und den Franzosen unter Oudinot.

Knaered (Marktflecken bei Halmstad in Schweden). Friede am 29. November 1612 zwishen Schweden und Dänemark.

Koeln (Stadt in der preussischen Rheinprovinz). Grundsteinlegung zum Dome durch den Erzbischof Konrad von Hochstetten am 13. August 1248. — Friede im J. 1674 zwischen Deutschland und Frankreich. — König Friedrich Wilhelm III. setzt den Erzbischof Clemens August von Droste-Vischering ab und lässt ihn nach Minden abführen am 21. November 1837.

Koeniggraetz (Kreis-Hauptstadt in Böhmen). Schlacht am 3. Juli 1866 zwischen den Preussen unter König Wilhelm und den Oesterreichern unter Benedek.

Koenigswartha (Marktflecken im sächsischen Kreise Bautzen), Schlacht am 19. Mai 1813 zwischen dem russisch-preussischen Heere unter Barclay de Tolly und den Franzosen unter Lauriston.

Koetzschenbroda (Dorf bei Dresden). Waffenstillstand im J. 1645 zwischen den Schweden und Sachsen.

Koeverden (Stadt in der holländischen Provinz Drenthe). Schlacht am 1. August 1227 zwischen dem Grafen Florens IV. von Holland und dem Bischof von Utrecht, Otto von der Lippe, der auf dem Schlachtfelde blieb.

Kolberger Haide (Gegend in Dänemark). Seeschlacht am 1. Juni 1677 zwischen der dänischen Flotte unter Niels Juel und der schwedischen unter Sjoeblad.

---

*) Auch Schlacht bei Lida genannt.

Kolding (Stadt in Jutland). Schlacht am 23. April 1849 zwischen den Schleswig-Holsteinern unter Bonin und den Dänen unter Buelow.

Kollin (Stadt im böhmischen Kreise Kaurzim). Schlacht am 18. Juni 1757 zwischen den Oesterreichern unter Daun und den Preussen unter König Friedrich II.

Komorn (Stadt und Festung in Ungarn). Schlacht am 2. Juli 1849 zwischen den Oesterreichern unter Haynau, den Russen unter Paniutin und den Ungarn unter Goergei und Klapka.

Kongstorp (Stadt in Norwegen). Schlacht am 16. 17. und 18. April 1808 zwischen den Norwegern unter Staffeldt und den Schweden unter Armfeldt.

Konieh (Hauptstadt im türkischen Ejalet Karaman). Schlacht am 30. Mai 1559 zwischen Soliman und seinem Bruder Bajazet. — Zweite Schlacht am 15. August 1624 zwischen den Türken unter Mahomed und den Turkomanen unter Abassa. — Dritte Schlacht am 21. December 1832 zwischen den Aegyptern unter Ibrahim Pascha und den Türken unter Reschid Pascha. — Friede am 4. Mai 1833 zwischen Sultan Mahmud II. und dem Vice-König Mehemed Ali von Aegypten.

Konitz (Stadt im preussischen Regierungsbezirk Marienwerder). Schlacht am 17. September 1554 zwischen dem deutschen Orden unter dem Hochmeister Konrad von Erlichshausen und den Polen unter König Kasimir IV.

Konstantinopel (Hauptstadt der Türkei). Erstürmung Konstantinopels am 29. Mai 1453 durch Mahomed II. — Tractat vom 8. Januar 1784 zwischen Russland und der Pforte, die darin die Krim an Russland abtritt. — Friedens-Vertrag vom 5. Januar 1809 zwischen der Türkei und England. — Aufstand der Janitscharen am 11. Juni 1826. — Aufhebung der Janitscharen am 16. Juni 1826 (8000 derselben wurden getödtet und Viele davon hingerichtet).

Konz (Marktflecken im preussischen Regierungsbezirk Trier). Schlacht am 11. August 1675 zwischen den Oesterreichern unter dem Herzoge Karl von Lothringen und den Franzosen unter Marschall Créqui.

Kopenhagen (Hauptstadt des Königreichs Dänemark). Friede am 26. Januar 1613 zwischen Dänemark und Schweden. — Zweiter Friede am 27. Mai 1660 zwischen Schweden und Dänemark, welches Schonen, Bleckingen, Halland, Linek und Booheslav an Schweden abtritt. — Aufstand am 18. Januar 1772 (Sturz des Ministers Struensee). — Seeschlacht am 2. April 1801 zwischen der englischen Flotte unter Admiral Nelson und der dänischen unter Admiral Fischer. — Bombardement der Stadt vom 2. bis 5. September 1807 durch die Engländer unter Admiral Gambier. — Aufhebung des Sundzolls am 15. Januar 1857.

Kordischan (Ortschaft in Persien). Schlacht am 15. September 1731 zwischen den Türken unter Rustan und den Persern.

Koronea (Stadt in Böotien). Schlacht im J. 394 vor Christus zwischen den Spartanern unter Agesilaos einer- und den Böotiern, Athenern, Argivern, Korinthern u. s. w. andererseits.

Kostnitz oder **Constanz** (Stadt am Bodensee). Friede im J. 1183 zwischen Kaiser Friedrich I. und den oberitalienischen Städten. — Concil von 1414 bis 1418 *).

Kragujewacz (Distrikt in Serbien). Aufstand am 1. September 1842 gegen den Fürsten Obrenowich. — Gefecht am 4. und 5. September 1842 zwischen den Insurgenten und den Truppen der Regierung.

Krakau (Stadt im Königreiche Polen). Friede am 8. April 1525 zwischen dem deutschen Orden und den Polen **). — Einverleibung Krakau's in den oesterreichischen Kaiserstaat laut Beschluss Russlands, Oesterreichs und Preussens am 6. November 1846. — Aufstand am 19. Februar 1846. Bildung einer Nationalregierung, bestehend aus dem Triumphirate Gorszkowski, Tyssowski und Orzegorewski, am 22. Februar 1846. — Tyssowski wird Dictator am 26. Februar 1846. — Besetzung der Stadt durch die Russen und Oesterreicher am 3. März 1846. — Grosse Feuersbrunst am 18. Juli 1850.

Krannoi (Stadt im russischen Gouvernement Smolensk). Schlacht am 17. und 18. November 1812 zwischen den Russen unter Kutusow und den Franzosen unter Davout.

---

*) Diesem Concile wohnten Kaiser Sigismund, mit 36 Fürsten und 140 Grafen, 1 Papst (Johann XXIII.), 22 Cardinäle, 20 Erzbischöfe. 7 Patriarchen, 92 Bischöfe, 124 Aebte, 500 andere Prälaten, über 4000 Priester und mehr als 10,000 — Freudenmädchen bei.

**) Das Herzogthum Preussen wurde damals polnisches Lehn.

Kremsier (Stadt im mährischen Kreise Prerau). Eröffnung des österreichischen Reichstags am 4. Januar 1849.
Kronborg (Festung bei Helsingör in Dänemark). Seeschlacht am 29. October 1658 zwischen der dänisch-holländischen Flotte unter Wassenaar und der schwedischen unter Wrangel.
Kulewtscha (Ortschaft zwischen Prawadi und Schumla in Bulgarien). Schlacht am 11. Juli 1829 zwischen den Russen unter General Diebitsch und den Türken unter dem Grosswesir.
Kulikower Ebene (im russischen Gouvernement Tula). Schlacht am 8. September 1380 zwischen dem Grossfürsten Dimitri IV. Donski und seinen Gegnern.
Kulidsche (Flecken bei Warna in der Türkei). Schlacht am 13. Januar 1829 zwischen den Türken unter Ibrahim Pascha und den Russen unter Diebitsch.
Kulm (Dorf bei Leitmeritz in Böhmen). Schlacht am 29. und 30. August 1813 zwischen den Preussen und Russen unter König Friedrich Wilhelm III., Kleist und Ostermann und den Franzosen unter Vandamme.
Kunnersdorf (Dorf in der preussischen Provinz Brandenburg). Schlacht am 12. August 1759 zwischen den Russen und Oesterreichern unter Soltikoff und Laudon und den Preussen unter König Friedrich II.
Kuppenheim (Stadt im badischen Mittelrheinkreise). Schlacht am 5. Juli 1796 zwischen den Franzosen unter General Moreau und den Oesterreichern unter General Latour. — Gefecht am 29. Juni 1849 zwischen den preussischen Truppen und den badischen Insurgenten.
Kutahieh (Hauptstadt im türkischen Ejalet Anatoli). Friede am 4. Mai 1833 zwischen der Türkei und Aegypten.
Kutaschi (Ortschaft im Kaukasus). Schlacht am 27. October 1846 zwischen den Russen unter General Bebutoff und den Tscherkessen unter Schamyl.
Kutschab (Ortschaft in Persien). Schlacht am 8. Februar 1857 zwischen den Engländern unter General Outram und den Persern unter Schoojaool-Moolk.
Kutschuk-Kainardschi (Dorf im türkischen Sandschak Silistria). Friede am 21. Juli 1774 zwischen Russland und der Türkei.
Kuttenberg (Stadt im böhmischen Kreise Czaslau). Verbrennung der Stadt am 6. Januar 1422 durch die Hussiten.
Kynokephalä (Ortschaft bei Theben in Böotien). Schlacht im J. 364 vor Christi Geburt zwischen Alexander von Pleya und den Thebanern unter Pelopidas, der in dieser Schlacht sein Leben verlor. — Zweite Schlacht im J. 198 zwischen den Römern unter Titus Quinctilius Flaminius und den Macedoniern unter König Philipp.

L.

Laa oder **Laab** (Stadt in Nieder-Oesterreich). Schlacht im J. 1260 zwischen den Böhmen und Ungarn unter König Bela. — Zweite Schlacht im J. 1278 zwischen Rudolph von Habsburg und Ottokar von Böhmen. — Gefecht am 7. Juli 1809 zwischen den Franzosen und Oesterreichern.
Laaland (Stift im Königreich Dänemark). Seeschlacht am 13. October 1644 zwischen der schwedischen und dänischen Flotte.
Ladenburg (Stadt bei Mannheim im Grossherzogthum Baden). Gefecht am 21. Juni 1849 zwischen den Preussen und den badischen Insurgenten.
Lados (Ortschaft in Spanien). Schlacht im J. 794 zwischen König Alphons II. von Asturien und den Mauren.
Lahore (Reich in Vorder-Indien). Friede am 9. März 1846 zwischen den Engländern und den Sikhs. — Zweiter Friede am 15. Februar 1846 zwischen den Engländern und Dhullip Singh.
Laibach (Stadt in Illyrien). Congress am 27. Januar 1821, verlegt nach Troppau (s. d.).
La Jaunais (Stadt im französischen Departement Vendée). Vertrag vom 15. Februar 1795 zwischen den Republikanern und Vendéern.
La Mabilais (Dorf bei Rennes im französischen Departement Ille-et-Vilaine). Friede am 20. April 1795 zwischen den Chouans und der französischen Republik.
La Marfée (Stadt im französischen Departement ? ?). Schlacht am 6. Juli 1641 zwischen den Franzosen unter dem Herzog Heinrich II. von Guise und den Neapolitanern.
Lambach (Marktflecken an der Traun in Oesterreich). Gefecht am 1. November 1806 zwischen den Franzosen und Oesterreichern.
Lamia (Stadt in Griechenland.*) Schlacht

---

*) In der Nähe dieser Stadt lagen die Thermopylen.

am 14. Januar 1828 zwischen den Griechen und Türken.
Lampertheim (Dorf im französischen Departement Bas-Rhin). Schlacht am 28. Januar 1814 zwischen den Alliirten und Franzosen.
Landen*) (Stadt in der belgischen Provinz Lüttich). Schlacht am 29. Juli 1693 zwischen den Franzosen unter dem Marschall von Luxembourg und den Oesterreichern.
Landrecy (Stadt und Festung bei Avesnes im französischen Departement Nord). Schlacht am 20. April 1794 zwischen den Alliirten und Franzosen.
Landsberg an der Warthe (Stadt im preussischen Regierungsbezirk Frankfurt an der Oder). Schlacht am 4. Februar 1813 zwischen den Russen unter Tschernitscheff und den Franzosen unter Davout.
Landscrona (Stadt in der schwedischen Provinz Malmoe). Schlacht am 13. Juli 1677 zwischen den Schweden und den Dänen.
Landshut (Stadt in Bayern). Schlacht am 16. und 21. April 1809 zwischen den Oesterreichern und Franzosen.
Langeland (Insel in Dänemark). Seeschlacht am 11. Juni 1667 zwischen der dänischen Flotte unter Niels Juel und Christian Bielke und der schwedischen unter Admiral Sjoeblad, der als Gefangener nach Kopenhagen abgeführt wurde.
Langensalza (Stadt bei Gotha). Schlacht am 27. Juni 1866 zwischen den Preussen unter dem Generalmajor v. Fliess und den Hannoveranern unter Arentschild.
Langside (Dorf bei Glasgow in Schottland). Schlacht am 13. Mai 1568 zwischen den Engländern unter James Murray und den Schotten unter Maria Stuart, welche nach Frankreich flieht.
Laon (Stadt im französischen Departement Aisne). Schlacht am 9. März 1814 zwischen den Preussen unter Bluecher und den Franzosen unter Marmont.
La Rochelle (Stadt im französischen Departement Charente-Inférieure). Schlacht am 1. August 1587 zwischen den Hugenotten und Katholiken.
La Bethière (Dorf bei Brienne im französischen Departement Aube). Schlacht am 1. Februar 1814 zwischen den Alliirten unter Bluecher und den Franzosen unter Napoleon.
Las Cabeas (Ortschaft auf der Insel San-Domingo). Schlacht am 10. December 1855 zwischen den Dominicanern unter Cabral und den Haitanern unter Kaiser Faustin Soulouque.
Lauffen (Stadt im württembergischen Neckarkreise). Schlacht am 13. Mai 1534 zwischen den Württembergern unter Herzog Ulrich und den Kaiserlichen.
Lauffen (Dorf im schweizer Canton Zürich). Schlacht am 2. November 1799 zwischen den Oesterreichern unter dem Fürsten v. Hohenlohe und den Franzosen unter Ney.
Lauffenberg (Ortschaft im Grossherzogthum Baden). Schlacht am 28. Februar 1638 zwischen den Franzosen unter Herzog Bernhard von Sachsen-Weimar und den Kaiserlichen unter Jan de Weert, der in französische Gefangenschaft gerieth.
Laval (Hauptstadt des französischen Departements Maine-et-Loire). Gefecht am 25. und 27. October 1793 zwischen den Vendéern und den Republikanern unter Westermann.
Lawfeld (Dorf bei Mastricht in Holland). Schlacht am 2. Juli 1747 zwischen den Franzosen unter Marschall Moritz von Sachsen und den Verbündeten Oesterreichs.
Laxenburg (Marktflecken bei Wien). Friedens-Tractat vom 30. April 1725 zwischen Oesterreich und Spanien.
Leesov (Ortschaft in der Ukraine). Schlacht am 29. October 1710 zwischen den Russen unter Czar Peter I. und den Schweden unter Loewenhaupt.
Legé oder Leger (Stadt im französischen Departement Loire-Inférieure). Schlacht am 30. April 1793 zwischen den Vendéern unter Charette und den Republikanern unter Westermann.
Legnago (Stadt in der venezianischen Provinz Verona). Schlacht am 26. März 1799 zwischen den Oesterreichern unter Kray und den Franzosen unter Scherer.
Legnano (Marktflecken in der lombardischen Provinz Mailand). Schlacht am 29. Mai 1176 zwischen den Mailändern und dem Kaiser Friedrich II. Barbarossa.
Leichheim (Dorf in Schwaben). Schlacht am 4. April 1525 zwischen den Bayern unter Truchsess v. Waldburg und den aufrührerischen Bauern unter Thomas Muenzer.
Leipzig (Stadt im Königreich Sachsen). Convent und Bündniss der protestantischen Stände Norddeutschland's am 8 (?) Februar 1631. — Schlacht am 7. September 1631 zwischen den Schweden und Sachsen unter König Gustav II.

---
*) Auch Schlacht von Neerwinden genannt.

Adolph und den Kaiserlichen unter Tilly. — Zweite Schlacht am 7. September 1642 zwischen den Schweden unter Torstenson und den Kaiserlichen unter Erzherzog Leopold Wilhelm und Piccolomini. — Bündniss am 18. Mai 1745 zwischen Kurfürst August III. von Sachsen und der Kaiserin Maria Theresia. — Völkerschlacht vom 14. bis 19. October 1813 zwischen den Verbündeten und den Franzosen. — Aufruf vom 4. März 1848 an die Censoren des Königreichs Sachsen.*)

*) An diesem Tage erliess der Unterzeichnete nachfolgenden Aufruf an die Censoren des Königreichs Sachsen: „Die Unterzeichneten appelliren an Ihr Ehrgefühl. Bevor der Staat Sie zum Amte eines Censors berufen hatte, sind Sie Gelehrter, Schriftsteller und Sohn des Vaterlandes gewesen, der mit uns tieferröthend unter dem entehrenden Joche dieser verhassten Geistes-Tyrannei geseufzt hat. Jetzt, nachdem mehr als dreissig Jahre lang die Völker Deutschlands vergebens auf die Erfüllung des Versprechens ihrer Fürsten gehofft, jetzt ist die Zeit gekommen, die Censur, dieses unerträgliche Joch, das uns in den Augen von ganz Europa erniedrigt, mit der ganzen Macht unsres Willens abzuschütteln. Unmöglich kann Ihnen die Stimmung des Volkes entgangen sein. Durch ganz Sachsen, wie durch ganz Deutschland, erschallt der millionenzüngige Ruf, das nicht länger zurückzuweisende Verlangen: Nieder mit der Censur! Wir verlangen Pressfreiheit! Volkes Stimme, Gottes Stimme! Und darum bitten wir Sie im Namen der Ehre und der Liebe zum Vaterlande, ein Amt, das Sie als Mann von Gewissen nicht länger bekleiden dürfen, freiwillig niederzulegen und dadurch stillschweigend zu erklären, dass Sie selbst die Rechtmässigkeit Ihrer ohnedies unhaltbaren Stellung nicht anerkennen. — Wir hoffen und erwarten, dass alle Censoren Sachsens unserm Aufrufe grossherzig Folge leisten, ihr Amt in Masse niederlegen und auf diese Weise das Fortbestehen der Censur unmöglich machen werden, fest überzeugt, dass in diesen Tagen der Gefahr sich Keiner, der's mit seinem Vaterlande treu und ehrlich meint, auffinden lassen wird, eine verhasste Mission, die Sie freiwillig niederlegen, zum Trotze des ganzen Volkes weiter fortzuführen.
Leipzig, am 4. März 1848.
Eduard Maria Oettinger."
(Dann folgten 28 andere Unterschriften.)
Wir Unterzeichnete sind heute, Nachmittag 4 Uhr, beim Herrn Professor Dr. Oswald Marbach gewesen, um zunächst ihn zur Niederlegung seines Censor-Amtes zu bewegen. Derselbe erklärte uns, dass er eine augenblickliche Niederlegung seines Amtes in dieser ernsten Zeit nicht mit seinen Pflichten für vereinbar halte, las uns jedoch eine Eingabe der hiesigen

Leisa (Dorf unweit Battenberg in Oberhessen). Schlacht im J. 779 zwischen Kaiser Karl dem Grossen und den Sachsen.

Le Mans (Stadt im französischen Departement Sarthe). Schlacht am 12. December 1792 zwischen den Republikanern unter Marceau und den Vendéern unter Larochejaquelein.

Lemnos (Insel im ägäischen Meere). Seeschlacht am 1. Juli 1808 zwischen der russischen Flotte unter Siniawine und der türkischen unter ...

Lens (Stadt im französischen Departement Pas-de-Calais). Schlacht am 14(?) August 1648 zwischen den Franzosen unter Condé und den Spaniern.

Leoben (Stadt an der Mur in Steyermark). Präliminar-Friede am 17. August 1797 zwischen Oesterreich, Neapel und der französischen Republik.

Lepanto (Stadt im griechischen Gouvernement Antolien). Seeschlacht am 8. October 1571 zwischen der spanisch-venezianischen Flotte unter Don Juan d'Austria und den Türken unter Admiral Ali. — Zweite Schlacht am 27. März 1829 zwischen den Griechen und Türken.

Lerida (Stadt in der spanischen Provinz Catalonien). Schlacht am 23. April 1809 (oder 1810?) zwischen den Franzosen unter Suchet und Hebert und den Spaniern unter O'Donnel.

Leucate (Dorf im französischen Departement Aude). Schlacht am 25. September 1637 zwischen den Franzosen und Spaniern.

Leuchteringen (Dorf bei Höxter an der Weser). Gefecht am 7. April 1634 zwischen den niederländischen Kreistruppen unter Obrist King und den Kaiserlichen.

Leuktra (Stadt in Böotien). Schlacht im J. 371 zwischen den Thebanern unter Epaminondas und den Spartanern unter Kleombrotos, der auf dem Schlachtfelde blieb.

Censoren an das Gesammtministerium vor, in welcher sich dieselben auf das Entschiedenste gegen die Censur und ihre verderblichen Wirkungen ausgesprochen und dem Gesammtministerium das Bedenkliche des Fortbestehens der Censur ernstlich vorgestellt haben.
Leipzig, am 4. März 1848.
R. Blum. E. M. Oettinger. Dr. A. Ruge. Dr. H. Wuttke.
An demselben Tage (4. März) erfolgte in Frankfurt am Main die Aufhebung der Censur von Seiten des deutschen Bundestags.]

Leuthen oder **Lissa** (Marktflecken im schlesischen Regierungsbezirk Breslau). Schlacht am 5. December 1757 zwischen den Preussen unter König Friedrich II. und den Oesterreichern unter Herzog Karl von Lothringen.

Leuse (Stadt in der belgischen Provinz Hainaut). Schlacht im J. 1691 zwischen den Franzosen und Alliirten.

Leveste (Dorf bei Kalenberg im Lüneburgischen). Schlacht im J. 1373 zwischen dem Grafen Otto von Schaumburg und Herzog Magnus von Braunschweig-Wolfenbüttel, der auf dem Schlachtfelde blieb.

Lewencs (Marktflecken in der ungarischen Herrschaft Eszterházy). Schlacht am 20. Juli 1664 zwischen den Oesterreichern unter Souches und den Türken unter dem Pascha von Neuhäusel.

Lewes (Stadt in der englischen Grafschaft Sussex). Schlacht im J. 1264 zwischen dem Grafen von Leicester und König Heinrich III.

Lexington (Ortschaft bei Concord im nordamerikanischen Staat Massachusetts). Schlacht am 19. April 1775 zwischen den Amerikanern unter Washington und den Engländern unter Howe (?).

Liebertwolkwitz (Stadt bei Leipzig). Gefecht am 14. October 1813 zwischen den Alliirten und den Franzosen (Einleitung der Schlacht bei Leipzig).

Liegnitz (Stadt im Herzogthum Schlesien). Schlacht am 13. Mai 1634 zwischen den Kaiserlichen und Sachsen unter Colloredo und den Schweden. — Zweite Schlacht am 15. August 1760 zwischen den Preussen unter König Friedrich II. und den Oesterreichern unter Laudon*).

Lierre (Stadt in der belgischen Provinz Antwerpen). Schlacht am 1. August 1578 zwischen den Geusen und den Spaniern unter Don Juan d'Austria.

Liesna (Ortschaft in Finland). Schlacht am 9. October 1707 zwischen den Russen unter Czar Peter I. und den Schweden unter Loewenhaupt.

Ligny (Stadt im französischen Departement Meuse). Schlacht am 16. Juni 1815 zwischen den Franzosen unter Napoleon und Ney und den Engländern und Preussen unter Wellington und Bluecher.

Limburg an der Elbe (Dorf im Königreiche Böhmen). Schlacht am 18 (?) November 1632 zwischen den Kaiserlichen unter Marradas und den Sachsen unter Arnim.

Limburg an der Lahn (Stadt im Herzogthum Nassau). Schlacht am 16. September 1796 zwischen den Oesterreichern unter Erzherzog Karl und den Franzosen unter Jourdan.

Lindholm (Schloss bei Stockholm). Vertrag vom J. 1395 zwischen Schweden und den Hansestädten.

Linkoeping (Hauptstadt im schwedischen Län gleichen Namens). Schlacht im J. 1365 zwischen Albrecht von Mecklenburg und König Magnus II. von Schweden, der in Albrecht's Gefangenschaft gerieth.

Lissa (Insel im adriatischen Meere). Seeschlacht am 20. Juli 1866 zwischen der oesterreichischen Flotte unter Tegethoff und der italienischen unter Admiral Persano.

Lissabon (Hauptstadt des Königreichs Portugal). Friede am 13. Februar 1668 zwischen Spanien und Portugal. (Letzteres behält von seinen überseeischen Besitzungen blos Ceuta an der afrikanischen Küste.) — Erdbeben am 1. November 1755. — Verbannung der Jesuiten aus Portugal am 3. September 1759. — Wiederherstellung des Jesuitenordens in Portugal durch Decret Dom Miguel's vom 30. August 1832. — Die Königin Maria da Gloria beschwört die neue Verfassung am 4. April 1838. — Wiedereinführung der alten Verfassung Dom Pedro's vom 19. April 1826 bis 1848.

Llerena (Stadt in der spanischen Provinz Badajoz). Gefecht am 11. Juni 1811 zwischen den Franzosen unter L'Allemand und den Engländern unter General Slade.

Llobregat (Fluss in der spanischen Provinz Catalonien). Gefecht am 2. November 1808 zwischen den Spaniern unter Caldagues und den Franzosen unter Duhesme. — Zweites Gefecht am 21. December 1808 zwischen den Franzosen unter Gouvion-Saint-Cyr und den Spaniern.

Loano (Marktflecken in der Grafschaft Nizza). Schlacht am 27. November 1794 zwischen den Franzosen und Oesterreichern.

Lobositz, siehe **Lowositz**.

Lodi (Stadt in der lombardischen Provinz Mailand). Friede am 5. April 1454 zwischen Venedig und Mailand, worin Francesco Alessandro Sforza als Herzog von Mailand anerkannt wird. — Schlacht am 10. Mai 1796 zwischen den Franzosen unter Buonaparte und den Oesterreichern unter Beaulieu.

---

*) Vergleiche Wahlstadt.

Loerrach (Stadt im badischen Oberrheinkreise). Struve, an der Spitze eines Haufens Freischaaren, proclamirt die deutsche Republik am 21. September 1848.

Lonato (Marktflecken in der lombardischen Provinz Brescia). Gefecht am 3. August 1796 zwischen den Franzosen und Oesterreichern.

London (Hauptstadt des Königreichs Grossbritannien). Vertrag vom 14. October 1518 zwischen Franz I. von Frankreich und Heinrich VIII. von England, welcher Tournay an Frankreich zurückgiebt. — Pulververschwörung von Guy Fawkes und den beiden Jesuiten Garnet und Oldecorn, entdeckt am 5. November 1605. — Cromwell's Ernennung zum lebenslänglichen Protector am 12. December 1653. — Restauration der Stuarts: das Parlament ruft Karl II. zum König von England aus am 8. Mai 1660. — Flucht König Jakob's II. nach Frankreich am 23. December 1688. — Unionsakte d. h. Vereinigung Englands und Schottlands zu Einem Reiche am 6. März 1707. — Definitiver Friede am 29. April 1839 zwischen Holland und Belgien: beiderseitige Anerkennung der 24 Artikel der Londoner Conferenz am 15. November 1831. — Eröffnung des Themse-Tunnels am 25. März 1843. — Aufhebung des Kornzolls und Beginn des Freihandels in England am 16. Mai 1846.

Longjumeau (Marktflecken [im französischen Departement Seine-et-Oise). Friede am 23. März 1568 zwischen den Katholiken und Hugenotten.

L'Orient (Stadt im französischen Departement Morbihan). Seeschlacht am 23. Juni 1795 zwischen der französischen Flotte und dem Geschwader der Emigranten unter Commodore Warren.

Loudun (Stadt im französischen Departement Vienne). Friede im J. 1616 zwischen den Hugenotten und Katholiken.

Lowositz (Stadt im böhmischen Kreise Leitmeritz). Schlacht am 1. October 1756 zwischen den Preussen unter König Friedrich II. und den Oesterreichern unter Feldmarschall Brown.

Loxa (Stadt in der spanischen Provinz Granada). Gefecht im J. 1812 zwischen den Spaniern unter Ballesteros und den Franzosen unter Soult.

Luciensteig (Pass im schweizer Canton Graubündten). Schlacht am 6. März 1799 zwischen den Franzosen unter Masséna und den Oesterreichern unter Hotze.

Lucca (Hauptstadt des gleichnamigen Herzogthums). Volksaufstand am 9. August 1847. Herzog Karl Ludwig flieht nach Venedig.

Lucka (Stadt im Herzogthum Sachsen-Altenburg). Schlacht am 31. Mai 1307 zwischen dem Markgrafen Friedrich dem Gebissenen von Thüringen und dem Grafen von Hohenlohe, General Kaiser Albrecht's I.

Luckau (Hauptstadt in der Nieder-Lausitz). Gefecht am 4. Juni 1813 zwischen den Franzosen unter Oudinot und der preussisch-russischen Armee (unter Bluecher?).

Lucknow (Festung in Vorder-Indien). Einnahme von Lucknow durch die Engländer unter General Havelock am 25. September 1857.

Luçon (Stadt in der Vendée). Schlacht am 13. August 1793 zwischen den Republikanern unter Tucy und den Chouans unter Charette.

Luebeck (freie Reichsstadt). Friede am 12. Mai 1629 zwischen Kaiser Ferdinand II. und König Christian IV. von Dänemark. — Schlacht am 6. November 1806 zwischen den Franzosen unter Bernadotte, Soult und Murat und den Preussen unter Bluecher.

Luetsen (Stadt im preussischen Regierungsbezirk Merseburg). Schlacht am 6. November 1632 zwischen den Schweden unter König Gustav Adolph II. und den Kaiserlichen unter Wallenstein.

Lund (Stadt in der schwedischen Provinz Malmö). Schlacht am 4. December 1676 zwischen den Schweden unter Karl XI. und den Dänen unter Christian V. — Friede am 26. September 1678 zwischen Schweden und Dänemark.

Lunéville (Stadt im französischen Departement Meurthe). Friede am 9. Februar 1801 zwischen Frankreich und Deutschland*).

Lutter am Barrenberge (Marktflecken im Herzogthum Braunschweig). Schlacht am 27. August 1626 zwischen den Kaiserlichen unter Tilly und den Dänen unter König Christian IV.

Luternberg (Dorf zwischen Minden und Kassel). Gefecht am 23. Juli 1762 zwischen den Alliirten unter Herzog Ferdinand von Braunschweig und den Sachsen unter dem Prinzen Franz Xaver August.

*) Letzteres büsste dadurch 1212 Quadratmeilen ein.

M.

Machindpoor (Ortschaft in Ostindien). Vertrag vom 31. December 1817 zwischen den Truppen der ostindischen Compagnie unter Hislop und den Mahratten.

Macain, siehe **Matschin**.

Maciejowice (Stadt im polnischen Gouvernement Podlachien). Schlacht am 10. October 1794 zwischen den Russen unter Fersen und den Polen unter Kosciusko, welcher in russische Gefangenschaft gerieth [*]).

Madara (Dorf bei Schumla in Bulgarien). Schlacht am 13. Juni 1829 zwischen den Russen unter Diebitsch und den Türken unter Reschid Pascha.

Madeira (eine der canarischen Inseln). Die Engländer nehmen die Insel Madeira am 24. December 1807. — Englands Rückgabe derselben Insel an die Portugiesen am 23. April 1808.

Madrid (Hauptstadt des Königreichs Spanien). Friede am 14. Januar 1526 zwischen Kaiser Karl V. und König Franz I. von Frankreich. — Vertrag im J. 1604 zwischen König Philipp III. von Spanien und König Jakob I. von England. — Friede im J. 1617 zwischen Spanien und Venedig. — Vertrag vom 27. März 1721 zwischen Spanien, Frankreich und England. — Vertrag vom 13. Januar 1750 zwischen Spanien und Portugal. — Aufhebung aller Jesuiten-Collegien in Spanien durch Decret vom 6. März 1767. — Friede am 29. September 1801 zwischen Portugal und Spanien. — Einzug der Franzosen unter Murat am 23. März 1808. — Volksaufstand gegen die Franzosen am 2. Mai 1808. — Capitulation vom 4. December 1808. — Einzug der Franzosen, die darin bis August 1812 bleiben. — Königin Christine hebt den Jesuitenorden in Spanien auf durch Decret vom 4. Juni 1835. — Ernennung Espartero's zum Regenten von Spanien bis zur Volljährigkeit der Königin Isabella am 8. Mai 1841. — Aufstand Diego Leon's am 7. October 1841. Er wird gefangen und erschossen. — Espartero legt die Regentschaft nieder am 30. Juli 1843. — Aufstand am 17. Juli 1854, gedämpft durch Espartero, welcher Premier-Minister wird. — Einsetzung einer provisorischen Regierungsjunta, bestehend aus 4 Progressisten, 4 Liberalen und 4 Demokraten am 30. September 1868. (Nieder mit den Bourbonen, es lebe die National-Souverainetät!) — Entthronung der Königin Isabella am 1. October 1868. — Aufhebung des Jesuiten-Ordens in Spanien am 12. October 1868*).

Maffe (Dorf in der belgischen Provinz Namur). Schlacht im J. 1790 zwischen den Oesterreichern und Belgiern.

Magdeburg (Stadt in der preussischen Provinz Sachsen). „Magdeburgische Hochzeit", d. h. dreitägige Plünderung der Stadt durch Tilly am 11. 12. und 13. Mai 1631.

Magenta (Ortschaft am Ticino in der lombardischen Provinz Mailand). Schlacht am 4. Juni 1859 zwischen dem französisch-sardinischen Heere unter Napoleon III., Victor Emanuel, Mac-Mahon und den Oesterreichern unter Clam-Gallas.

Magnano**) (Städtchen in der lombardischen Provinz Verona). Schlacht am 5. April 1799 zwischen den Oesterreichern unter Kray und den Franzosen unter Scherer.

Magnesia (Stadt in Lydien). Schlacht am 24(?) April 1830 zwischen den Türken unter dem Grosswesir Reschid Pascha und den rebellischen Seybecks.

Mahares (Ortschaft auf der Insel Otaheiti). Schlacht am 17. April 1844 zwischen den Otaheitanern und Franzosen.

Mailand (Hauptstadt der Lombardei). Vertrag vom 10. Mai 1797 zwischen den Franzosen und Venedig, das seiner Souverainetät entsagen muss. — Aufstand am 18. März 1848. — Friede am 6. August 1849 zwischen Oesterreich und Sardinien, welches an Ersteres eine Entschädigung von 75 Millionen Lire zahlen muss.

Mainz (Stadt und Festung in Hessen-Darmstadt). Uebergabe der Festung am 21. October 1792 an die Franzosen unter Custine. — Capitulation vom 22. Juni 1793, wodurch Mainz an Preussen fällt.

Maipo (Fluss im südamerikanischen

---

*) Nach dieser Schlacht soll er prophetisch „Finis Poloniae!" ausgerufen haben, was aber mehrfach bestritten worden ist.

*) Das Decret ist unterzeichnet vom Minister der Gnaden und Justiz, Antonio Romero Ortiz.

**) Auch Schlacht bei Isola della Scala genannt.

Malaga —— Marseille.

Staate Chile). **Schlacht am 5. April 1818** zwischen den **chilesischen Insurgenten** unter O'Higgins und den Spaniern unter Osorio.

Malaga (Stadt in der spanischen Provinz Granada). **Seeschlacht am 24. August 1704** zwischen der englisch-holländischen Flotte unter Rooke und der spanisch-französischen Flotte unter dem Comte de Toulon (Erfolg unentschieden).

Malatia (Stadt im türkischen Ejalet Merasch). **Schlacht im J. 512 nach Christi Geburt** zwischen Kaiser Justinian und dem Perserkönig Chosroës.

Malin (Ortschaft in Böhmen). **Schlacht am 7. Juni 1424** zwischen den Hussiten unter Ziska und den Kaiserlichen.

Malmoe (Hauptstadt in der schwedischen Provinz gleichen Namens). **Friede im J. 1524** zwischen Christian II. von Dänemark und dem schwedischen Reichsverweser Swante Sture. **Waffenstillstand am 20. August 1848** zwischen Preussen und Dänemark.

Maloljaroslawecz (Stadt im russischen Gouvernement Kaluga). **Schlacht am 24. October 1812** zwischen den Russen unter Kutusow und den Franzosen unter Napoleon.

Malplaquet (Dorf bei Avesnes im französischen Departement Nord). **Schlacht am 12. September 1709** zwischen den Oesterreichern unter Prinz Eugen von Savoyen, den Holländern und Engländern unter Marlborough und den Franzosen unter Villars.

Malta (Insel in Italien). **Seeschlacht im J. 1254** zwischen den Sicilianern unter Admiral Ruggiero Lauria und den Franzosen unter Karl von Anjou. — **Besitzergreifung Malta's durch den Johanniterorden am 26. October 1530**. — **Decret vom 22. April 1768**, laut welchem der Grossmeister des Johanniterordens die Vertreibung der Jesuiten aus Malta verfügt. — **Malta ergiebt sich den Engländern am 5. September 1800.**

Man (Insel im irischen Meere). **Seeschlacht am 25. Februar 1760** zwischen der englischen Flotte unter Elliot und der französischen unter Thurot.

Manassas (Ortschaft in Nordamerika). **Schlacht am 31. Juli 1861** zwischen den Conföderirten unter Beauregard und Johnstone und den Unionisten unter General Mac Dowell.

Mangalore (Hauptstadt der vorderindischen Provinz Madras). **Friede am 11.** März 1784 zwischen den Engländern und dem Sultan Tippo Saheb.

Mantinea (Stadt in Arkadien). **Schlacht im J. 362 vor Christus** zwischen den Thebanern unter Epaminondas, der hier sein Leben verlor, und den Spartanern.

Mantua (Festung in der Lombardei). **Andreas Hofer's Gebeine werden von hier nach Innsbruck gebracht am 21. Februar 1823.**

Marathon (Flecken unweit Attika in Griechenland). **Schlacht am 29. October 490 vor Christus** zwischen den Athenern unter Miltiades und den Persern.

Marburg (Stadt in Hessen-Kassel). **Colloquium am 2. October 1529** zwischen Martin Luther und Ulrich Zwingli.

Marchfeld (zwischen Pressburg und Wien gelegen). **Schlacht am 26. August 1278** zwischen Kaiser Rudolph von Habsburg und König Ottokar von Böhmen.

Marengo (Dorf im sardinischen Herzogthum Montferrat). **Schlacht am 14. Juni 1800** zwischen den Franzosen unter Buonaparte und den Oesterreichern unter Melas.

Marienburg (Stadt im preussischen Regierungsbezirk Danzig). **Friede im J. 1577** zwischen Polen und Stephan Bathory von Siebenbürgen. — **Vertrag vom 15. Juni 1757** zwischen Brandenburg und Schweden, worin Ersteres Letzterem 8000 Mann Hilfstruppen gegen Polen zusagt.

Marignano (Dorf in der lombardischen Provinz Mailand). **Schlacht am 3. und 4. September 1515** zwischen den Franzosen unter König Franz I. und den Schweizern.

Maros (Fluss in Siebenbürgen). **Schlacht im J. 330** zwischen den Gothen unter Gelerich und den Vandalen unter Visumar. — **Zweite Schlacht im J. 1479** zwischen den Ungarn und Türken.

Maros-Vásárhely (Stadt in Siebenbürgen). **Schlacht am 15. November 1848** zwischen den Oesterreichern und Szeklern.

Marsaglia (Dorf in der savoyenschen Provinz Mondovi). **Schlacht am 4. October 1693** zwischen den Franzosen unter Marschall Catinat und den Piemontesen unter Herzog Victor Amadeus II.

Marsala (Ortschaft in Sicilien). **Landung Garibaldi's am 11. Mai 1860.**

Marseille (Stadt im französischen Departement Bouches-du-Rhône). **Zusammenkunft am 4. October 1533** zwischen Papst Clemens VII. und seiner Nichte, Katharina von Medicis, mit König Franz I. von Frankreich.

Marston-Moore (Dorf bei York in der englischen Grafschaft gleichen Namens). Schlacht am 12. August 1644 zwischen den Parlamentstruppen unter Fairfax und Manchester und den Truppen König Karl's I. unter dem Prinzen Ruprecht von der Pfalz.

Matamoros (Ortschaft in Mexiko). Schlacht am 8. Mai 1846 zwischen den Nordamerikanern unter Taylor und den Mexikanern.

Martinesty (Dorf bei Braila in der Walachei). Schlacht am 22. September 1789 zwischen den Russen und Oesterreichern unter Suwarow und dem Prinzen Josias von Sachsen-Koburg-Saalfeld und den Türken unter dem Grosswesir Kuczuk-Hassan.

Matschin (Dorf zwischen Braila und Galacz im türkischen Ejalet Rum-Ili). Gefecht am 6. April 1791 zwischen den Russen unter Gallitzin und den Türken unter Jussuf-Pascha. — Sturm am 11. Juli 1791 unter Kutusow auf das türkische Lager.

Mauerberg (Ortschaft in Oesterreich). Schlacht am 12. Mai 1082 zwischen Herzog Wratislaw II. von Böhmen und dem Markgrafen Leopold dem Schönen von Oesterreich.

Maxen (Dorf bei Dresden). Schlacht am 21. November 1759 zwischen den Oesterreichern unter Feldmarschall Daun und den Preussen unter General Finck v. Finckenstein, der hier in Gefangenschaft gerieth.

Mazagran (Ortschaft in Algerien). Schlacht am 8 (?) Februar 1840 zwischen den Franzosen und Kabylen.

Medellin (Stadt in der spanischen Provinz Badajoz). Schlacht am 28. März 1809 zwischen den Franzosen unter Victor und den Spaniern unter Cuesta.

Meerat oder **Mirat** (Ortschaft in Ostindien). Aufstand der Sipahis am 10. Mai 1857.

Mehadia (Dorf an der oesterreichischen Banatgrenze). Einige Gefechte vom 17. bis 18. August 1789 zwischen den Oesterreichern unter Clerfayt und Haddik und den Türken.

Meissen (Stadt im Königreich Sachsen). Stiftung der Fürstenschule durch Kurfürst Moritz von Sachsen am 21. Mai 1549.

Mekka (Hauptstadt von Arabien). Geburtsort des Propheten Mahomed. Flucht desselben von hier nach Medina Freitag am 22. Juli 622*).

*) Mit diesem Tage beginnt die türkische Zeitrechnung (Hedschra).

Mekoekeresst (Ortschaft in Siebenbürgen). Schlacht am 15. October 1596 zwischen den Türken und Ungarn.

Melderp (Stadt in Dithmarschen). Schlacht am 13. Februar 1500 zwischen den Dithmarschen unter Wolf Isebrand und den Dänen unter König Johann und seinem Bruder Herzog Friedrich von Holstein.

Melignano (Ortschaft in der Lombardei). Schlacht am 8. Juni 1859 zwischen den Franzosen unter Baraguay d'Hilliers und den Oesterreichern unter General-Major Boer, der auf dem Schlachtfelde blieb.

Mellrichstadt (Stadt im bayer'schen Kreise Unterfranken). Schlacht am 7. August 1678 zwischen Kaiser Heinrich IV. und dessen Gegenkönig Rudolph von Schwaben.

Melnosen (Dorf in Westpreussen). Friede am 6. October 1422 zwischen dem Hochmeister des deutschen Ordens, Paul v. Russdorf, und den Polen.

Memel (Stadt im preussischen Regierungsbezirk Königsberg). Friede am 28. Januar 1807 zwischen Frankreich, England und Preussen.

Memmingen (Stadt im bayer'schen Kreise Schwaben). Schlacht am 9. und 10. Mai 1800 zwischen den Franzosen unter Moreau und den Oesterreichern unter Kray.

Memphis (Stadt in Nordamerika). Einnahme der Stadt durch die Unionisten am 6. Juni 1862.

Menfö (Ortschaft im ungarischen Comitat Raab). Schlacht am 5. Juli 1044 zwischen Kaiser Heinrich III. und den Ungarn unter König Samuel Aba, der hier seinen Tod fand.

Mentana (Ortschaft bei Rom). Schlacht am 2. November 1867 zwischen den päpstlichen Truppen und den Franzosen unter General Polhès und den Freischaaren unter Garibaldi.

Mensingen (Marktflecken im badischen Mittelrheinkreise). Schlacht im J. 1531 zwischen den Zürichern und den katholischen Eidgenossen.

Merbes-le-Château (Marktflecken in der belgischen Provinz Hainaut). Schlacht im J. 1794 zwischen den Franzosen und Oesterreichern.

Mergentheim (Stadt im württembergischen Jaxtkreise). Schlacht im J. 1645 zwischen den Bayern unter Mercy und den Franzosen unter Turenne. — Besetzung der Stadt durch die aufrührerischen Bauern am 25. Juli 1809.

Metelino, im Alterthume Mytilene (Stadt in Griechenland). Seeschlacht im J. 1690 zwischen den Venezianern und Türken. — Schlacht im J. 1821 zwischen den Griechen und Türken.

Mexiko (Hauptstadt der gleichnamigen Reiches). Friede am 9. März 1839 zwischen Mexiko und Frankreich: Texas wird von Frankreich als unabhängiger Staat anerkannt. — Congress am 1. Juli 1861. Benito Juarez wird zum Präsidenten der Republik ernannt. — Beginn der Feindseligkeiten am 23. November 1862 zwischen den Franzosen und Mexikanern. — Forey's Einrücken in Mexiko am 10. Juni 1863. — Erzherzog Maximilian nimmt die mexikanische Kaiserkrone an am 16. April 1864. — Einzug desselben in die Hauptstadt am 10. Juni 1864.

Miani (Ortschaft in Ostindien). Schlacht am 17. Februar 1843 zwischen den Engländern unter General Charles Napier und den Emiren von Sindh.

Michailowska (Stadt im russischen Gouvernement Kursk). Gefecht am 15. Mai 1831 zwischen den Russen und Polen (Erfolg unentschieden).

Middelburg (Stadt in der holländischen Provinz Zeeland). Seeschlacht am 29. Januar 1574 zwischen den Holländern unter Wilhelm von Oranien und den Spaniern unter Requesenz.

Mies (Stadt im böhmischen Kreise Pilsen). Schlacht im J. 1427 zwischen den Hussiten unter Prokopius Holy und dem Reichsheere.

Mileto (Stadt in Calabrien). Schlacht am 28. Mai 1807 zwischen den Neapolitanern und den Franzosen unter Reynier.

Millesimo (Dorf in der piemontesischen Provinz Coni). Schlacht am 14. April 1796 zwischen den Franzosen unter Buonaparte und den Oesterreichern unter Beaulieu.

Millidusé (Ortschaft in der Türkei). Schlacht am 2. Juli 1829 zwischen den Russen unter Paskewitsch und den Türken unter Hagki Pascha.

Miloana (Ortschaft in Polen). Treffen am 19. Februar 1831 zwischen den Russen unter Diebitsch und den Polen unter Krukowiecki.

Mincio (Fluss in der lombardischen Provinz Mailand). Schlacht am 25. und 26. December 1800 zwischen den Franzosen unter Brune und den Oesterreichern unter Bellegarde. — Zweite Schlacht am 8. Februar 1814 zwischen den Oesterreichern unter Bellegarde und den Neapolitanern unter Murat (Sieg unentschieden).

Minden (Stadt in Westphalen). Schlacht am 1. August 1750 zwischen den Alliirten unter Herzog Ferdinand von Braunschweig und den Franzosen unter Contades und Broglio.

Minturnae (Stadt zwischen Latium und Campanien), Schlacht im J. 340 vor Christus zwischen den Römern und Latinern.

Miseban (Ortschaft in Persien). Schlacht am 27. April 1630 zwischen den Türken unter Chosrew und den Persern.

Missolonghi (Stadt in Griechenland). Schlacht am 6. Januar 1823 zwischen den Griechen unter Marco Botzaris und den Türken unter Omer Vrione.

Missunde (Stadt in Schleswig). Gefecht am 12. September 1850 zwischen den Schleswig-Holsteinern unter Willisen und den Dänen. — Zweites Gefecht am 3. Februar 1864 zwischen den Preussen unter dem Prinzen Friedrich Karl und den Dänen unter de Meza.

Modrich (Ortschaft zwischen Dervent und Kotarsko in Bosnien). Schlacht am 19. November 1850 zwischen den Türken unter Omer Pascha und den Insurgenten von Bosnien.

Möhringen (Stadt im badischen Seekreise). Schlacht am 24. November 1634 zwischen den Oesterreichern und Franzosen.*)

Mölsen (Stadt bei Weissenfels). Schlacht am 15. October 1080 zwischen Kaiser Heinrich IV. und dessen Gegenkönig Rudolph von Schwaben, der hier seine linke Hand verlor.

Moescroen (Dorf in der belgischen Provinz Westflandern). Schlacht am 28. April 1794 zwischen den Franzosen unter Pichegru und den Oesterreichern untes Clerfayt.

Moeskirch (im badischen Seekreise). Schlacht am 5. Mai 1800 zwischen den Franzosen unter Moreau und den Oesterreichern unter Kray.

Mogador (Stadt in Marocco). Bombardement der Stadt durch die Franzosen am 15. August 1844.

Mohacs (Marktflecken im Baranyer Comitat in Ungarn). Schlacht am 28. August 1526 zwischen dem Sultan Soli-

---

*) Wird auch die Schlacht bei Tuttlingen genannt.

Mohammerah —— Montevideo.

man II. und dem Ungarkönig Ludwig II., der hier um's Leben kam. — Zweite Schlacht am 12. August 1687 zwischen den Deutschen und Ungarn unter Herzog Karl von Lothringen und den Türken unter dem Grosswesir Kara-Mustapha.

Mohammerah (Ortschaft in Persien). Schlacht am 26. März 1857 zwischen den Engländern unter General Stalker und den Persern.

Mohilew (Hauptstadt im russischen Gouvernement gleichen Namens). Zusammenkunft der Kaiserin Katharina II. mit Kaiser Joseph II. am 4. Juni 1780*). — Schlacht am 23. Juli 1811 zwischen den Franzosen unter Davout und den Russen unter Bagration.

Mohrungen (Stadt im preussischen Regierungsbezirk Königsberg). Schlacht am 15. Januar 1807 zwischen den Franzosen unter Bernadotte und den Russen unter Benningsen.

Mollwitz (Dorf bei Brieg in Schlesien). Schlacht am 10. April 1741 zwischen den Preussen unter Leopold von Dessau und den Oesterreichern unter Neipperg.

Molody (Ortschaft bei Moskau). Schlacht am 1. August 1572 zwischen den Russen unter dem Fürsten Worotynski und dem Khan von Astrachan, Dewlet Gherai.

Moncontour (Stadt im französischen Departement Vienne). Schlacht am 3. October 1569 zwischen König Heinrich III. und den Hugenotten unter Coligny.

Mondovi (Stadt im Fürstenthum Piemont). Schlacht am 21. April 1796 zwischen den Franzosen unter Massena und Augereau und den Oesterreichern unter Beaulieu.

Mangrentle (Ortschaft in Ostindien). Schlacht am 5. October 1858 zwischen den Engländern unter General-Major Mitchell und den Rebellen von Gwalior.

Monmouth (Stadt im nordamerikanischen Staate New-Jersey). Schlacht am 29. Juni 1778 (?) zwischen den Nordamerikanern unter Washington und den Engländern unter Clinton.

Mons (Hauptstadt der belgischen Provinz Hainaut). Schlacht am 18. August 1305 zwischen den Franzosen unter König Philipp IV. dem Schönen und den Flamländern. — Vergleich vom 19 (?) September 1579 zwischen den Spaniern und Niederländern.

Mons-en-Puelle (Dorf in Flandern). Schlacht am 18. August 1304 zwischen König Philip d IV. von Frankreich und den empörten Flandern.

Montaigu (Stadt in der französischen Provinz Vendée). Schlacht am 21. September 1793 zwischen den Vendéern unter Lescure und den Republikanern unter Beysser.

Montaperto (Dorf bei Florenz). Schlacht am 4. September 1260 zwischen den Ghibellinen und Guelfen.

Mont-de-Marsan (Stadt im französischen Departement Landes). Vertrag vom 9. August 870 wegen der Theilung zwischen Kaiser Lothar und König Ludwig dem Deutschen.

Monte Baldo (Berg am Gardasee bei Verona). Schlacht am 12. und 13. Januar 1797 zwischen den Oesterreichern unter Alvinczy und den Franzosen unter Joubert.

Montebello (Marktflecken in der venezianischen Provinz Vicenza). Schlacht am 12. November 1796 zwischen den Oesterreichern unter Alvinczy und den Franzosen unter Masséna. — Zweite Schlacht am 9. Juni 1800 zwischen den Franzosen unter Lannes und den Oesterreichern unter Ott*). — Dritte Schlacht am 20. Mai 1859 zwischen dem französisch-sardinischen Heere unter Forey und den Oesterreichern unter Stadion.

Monte Nero (Ortschaft in der spanischen Provinz Gerano). Schlacht vom 17. bis 20. November 1794 zwischen den Franzosen unter Dugommier und den Spaniern unter La Union.

Montenotte (Dorf in der piemontesischen Provinz Alba). Schlacht am 11. April 1796 zwischen den Franzosen unter Buonaparte und den Oesterreichern und Sardiniern.

Montereau-sur-Yonne (Stadt im französischen Departement Seine-et-Marne). Schlacht am 18. Februar 1814 zwischen den Franzosen und Alliirten.

Montes-Claros (Dorf in der portugiesischen Provinz Evora). Schlacht im J. 1665 zwischen den Portugiesen und Spaniern.

Montevideo (Staat in Südamerika). Handelsvertrag vom 14. Februar 1812 zwischen Montevideo und England.

---

*) Die zweite Zusammenkunft derselben fand in Baktschi-Serai (in der Krim) am 30. Mai 1787 statt.

*) Lannes erhielt davon seinen Herzogstitel.

Montfaucon (Stadt im französischen Departement Haute-Loire). Friede am 18. Januar 1800 zwischen der französischen Republik und den Anführern der Vendée.

Montgomery (Stadt im nordamerikanischen Staate Alabama). Die Versammlung der Südstaaten nimmt eine neue Constitution an am 9. Februar 1861: Einsetzung einer provisorischen Regierung, bestehend aus dem Präsidenten Jefferson Davis und dem Vice-Präsidenten Alexander H... Stevens. — Abfall der Südstaaten von der nordamerikanischen Union am 18. Februar 1861.

Montiel (Villa in der spanischen Provinz La Mancha). Schlacht am 14. März 1369 zwischen Heinrich Transtamare und Peter dem Grausamen von Castilien, der auf dem Schlachtfelde blieb.

Montl'hery (Stadt im französischen Departement Seine-et-Oise). Schlacht am 16. Juli 1465 zwischen König Ludwig I. und dessen Bruder, dem Herzoge Karl von Berry.

Montmartre (Dorf bei Paris). Schlacht am 30. März 1814 zwischen den Verbündeten unter Bluecher und den Franzosen unter Marmont.

Montmirail (Stadt im französischen Departement Seine-et-Marne). Vertrag vom 6. Januar 1169 zwischen England und Frankreich, laut welchem Ersteres das Herzogthum Aquitanien erhielt. — Gefecht am 11. Februar 1814 zwischen dem russisch-deutschen Heere unter Sacken und den Franzosen unter Napoleon.

Montpellier (Hauptstadt im französischen Departement Hérault). Friede am 19. October 1622 zwischen den Katholiken und Hugenotten.

Monzon (Stadt in der spanischen Provinz Huesca). Friede am 5. März 1626 zwischen Frankreich und Spanien über das Veltlin.

Mooker Haide (in der holländischen Provinz Geldern). Schlacht im J. 1574 zwischen den Spaniern und den Holländern unter dem Prinzen Christoph von der Pfalz, der hier seinen Tod fand.

Mór oder **Moor** (Ortschaft in Ungarn). Schlacht am 29. December 1848 zwischen den Serben unter Jellachich und den Ungarn unter Perczel.

Morat, siehe **Murten**.

Morgarten (Ortschaft im schweizer Canton Zug). Schlacht am 6. December 1315 zwischen den Schweizern unter Reding und den Oesterreichern unter Herzog Leopold.

Moskau (zweite Residenzstadt des Kaiserreichs Russland). Einzug Napoleon's am 14. September 1812. — Brand vom 14. bis 21. September 1812.

Moss (Stadt in Norwegen). Waffenstillstand am 14. August 1814 zwischen den Schweden unter dem Kronprinzen Karl Johann und dem Prinzen Christian von Dänemark, welcher der norwegischen Krone entsagt.

Moys (Dorf im schlesischen Regierungsbezirk Liegnitz). Gefecht am 7. September 1757 zwischen den Oesterreichern unter Nádasdi und den Preussen unter Winterfeld, der hier sein Leben verlor.

Mosgawa (Fluss in Polen). Schlacht im J. 1199 zwischen König Leszek V. und Mieczislaw von Polen.

Mudkih (Ortschaft in Ostindien). Schlacht am 18. December 1845 zwischen den Sikhs und den Engländern unter Hugh Gough.

Mudupallane (Dorf in der vorderindischen Präsidentschaft Madras). Schlacht am 1. Juli 1781 zwischen dem Heere der ostindischen Compagnie und dem Heere Hyder Ali's.

Muehlbach (Ortschaft in Ungarn). Schlacht am 12. August 1849 zwischen den Russen unter Lueders und den Ungarn unter Goergei.

Muehldorf (Hauptstadt im bayer'schen Kreise Ober-Bayern). Schlacht am 28. September 1522 zwischen Ludwig von Bayern und Friedrich von Oesterreich, der in Gefangenschaft des Erstern geräth.

Muhlhausen (ehemalige Reichsstadt). Schlacht am 27. Januar 1080 zwischen Kaiser Heinrich IV. und Herzog Rudolph von Schwaben.

München (Hauptstadt des Königreichs Bayern). Vertrag vom 14. April 1816 zwischen Bayern und Oesterreich. — Concordat vom 5. Juni 1817 zwischen Papst Pius VII. und König Maximilian Joseph I. von Bayern. — Kniebeugungs-Ordre vom 11. August 1838: die Wachen erhalten den Befehl, unter das Gewehr zu treten und auf's Knie zu fallen, sobald ein Geistlicher mit der Monstranz vorübergeht*).

Muenchengraetz (Stadt im böhmischen Kreise Bunzlau). Congress vom 10. bis 20. September 1833 zwischen dem Kaiser von Oesterreich, dem Kaiser von Russland und dem König von Preussen. — Schlacht

---
*) Dieser mittelalterliche Befehl wurde erst im J. 1845 wieder aufgehoben.

am 28. Juni 1866 zwischen den Preussen unter Herwarth v. Bittenfeld und den Oesterreichern unter Benedek.

Muenster (Hauptstadt der preussischen Provinz Westphalen). Ausbruch der wiedertäuferischen Unruhen unter Jan Matthysen und Johann Bokold am 8. Februar 1533. — Westphälischer Friede am 14. October 1648. (Ende des dreissigjährigen Krieges.)

Muotta-Thal (Thal in der Schweiz). Gefecht am 1. October 1799 zwischen den Franzosen unter Masséna und den Russen unter Suwarow.

Muradal (Gebirgspass zwischen Andalusien und Neu-Castilien). Schlacht am 12. August 1212 zwischen den Königen von Navarra, Castilien, Aragonien und Leon und dem Sultan Anasir von Marocco*).

Murfreesborough (Ortschaft im nordamerikanischen Staate Tennessee). Schlacht am 30. December 1862 zwischen den Unionisten unter General Rosenkranz und den Conföderirten unter den Generalen Bragg und Johnstone.

Murten (Stadt im schweizer Canton Freiburg). Schlacht am 22. Juni 1476 zwischen den Schweizern unter Hans v. Hallwyl und Herzog Karl dem Kühnen von Burgund**).

Musslebnrgh (Marktflecken in der schottischen Grafschaft Edinburgh). Schlacht im J. 1547 zwischen den Engländern und Schotten.

Mykale (Stadt in Klein-Asien). Schlacht am 25. September 479 vor Christi Geburt zwischen den Griechen und Persern.

N.

Nachod (Stadt im böhmischen Kreise Königgrätz). Schlacht am 26. Juni 1866 zwischen den Preussen unter Steinmetz und den Oesterreichern unter Benedek.

Naefels (Marktflecken im schweizer Canton Glarus). Schlacht am 9. April 1388 zwischen den Schweizern und den Oesterreichern unter Johann v. Werdenberg.

Naesgard (Stadt in Schweden). Schlacht im J. 1468 zwischen den Schweden unter König Karl VIII. und den Dänen unter König Christian I.

*) Diese Schlacht wird auch die von Vanos Tolosa genannt.
**) Noch alljährlich wird hier am 22. Juni das Andenken dieses blutigen Sieges gefeiert.

Nagy-Sárló (Dorf am Gran in Ungarn). Schlacht am 17. April 1849 zwischen den Ungarn unter Goergei und den Oesterreichern unter Feldmarschall Wohlgemuth.

Nahr-el-Dscher (Ortschaft in Algerien). Schlacht am 29. April 1840 zwischen den Franzosen und Beduinen unter Abd-el-Kader.

Najafghar (Ortschaft in Ostindien). Schlacht am 25. August 1858 zwischen den Engländern unter General Nicholson und den Sipahis.

Najara oder **Najera** (Stadt in der spanischen Provinz Logrono). Schlacht am 3. April 1367 zwischen den Anhängern Peter's des Grausamen unter dem schwarzen Prinzen von Wales und dessen Gegnern unter Bertrand Duguesclin und dem Prinzen Heinrich von Transtamare.

Nakel oder **Naklo** (Stadt im preussischen Regierungsbezirk Bromberg). Schlacht im J. 1114 zwischen den Polen und Preussen.

Nancy (Stadt im französischen Departement Meurthe). Schlacht am 5. Januar 1477 zwischen König René von Lothringen und Herzog Karl dem Kühnen von Burgund, der hier sein Leben verlor.

Nangis (Stadt im französischen Departement Seine-et-Marne). Gefecht am 17. Februar 1814 zwischen den Franzosen unter Napoleon und den Russen unter Pahlen.1

Nanking (Stadt in China). Friede am 29. August 1842 zwischen England und China (Ersteres erhält Hong-Kong).

Nantes (Stadt im französischen Departement Loire-Inférieure). Edict vom 13. April 1598, durch das Heinrich IV. den Hugenotten unbeschränkte Gewissensfreiheit und völlige Gleichheit zusichert. — Bestätigung desselben Edicts am 27. Juni 1629 im Frieden von Alais (s. d.). — Widerruf dieses Edicts am 22. October 1685 durch Ludwig XIV. — Friede am 17. Februar 1795 zwischen den Vendéern und Republikanern.

Nape (Ortschaft in Ostbothnien). Schlacht am 19. Februar 1704 zwischen den Russen unter Gallitzin und den Schweden unter Armfeldt.

Narbonne (Stadt im französischen Departement Aube). Concordat vom 14. December 1415 zwischen Kaiser Sigismund und dem Gegenpapst Benedict XIII.

Narva (Stadt im russischen Gouvernement Petersburg). Schlacht am 30.

November 1700 zwischen den Schweden unter Karl XII. und den Russen unter Czar Peter I.

Naseby (Stadt in der englischen Grafschaft Northampton). Schlacht am 14. Juni 1645 zwischen den Truppen Oliver Chromwell's und den Royalisten unter König Karl I.

Nasielsk (Stadt im polnischen Gouvernement Plock). Treffen am 23. December 1806 zwischen den Russen unter Kamenskoi und den Preussen unter Lestoq.

Namburg am Quais (Stadt im schlesischen Regierungsbezirk Liegnitz). Gefecht am 23. November 1745 zwischen den Preussen und Oesterreichern.

Nauvoo (Stadt in Nordamerika). Die Mormonen, vertrieben aus dem Staate Missouri, gründen hier im Winter von 1838 und 1839 eine Colonie. — Beginn des grossen Tempelbaues im J. 1842. — Nach der Ermordung John Smiths am 27. Juni 1844 wird Brigham Young zum Propheten und Statthalter Gottes erwählt.

Navarino (Hafen im griechischen Gouvernement Pyla). Seeschlacht am 20. October 1827 zwischen der englisch-französischen und russischen Flotte unter Codrington, Rigny und v. d. Heyden und der türkisch-ägyptischen Flotte unter Ibrahim Pascha.

Navas de Tolosa (Dorf in der spanischen Provinz Jaën). Schlacht am 16. Juli 1212 zwischen den Spaniern und Mauren. — Zweite Schlacht im J. 1812 zwischen den Franzosen und Spaniern.

Neapel (Hauptstadt des gleichnahmigen Königreichs). Masaniello's Aufstand am 7. Juli 1647 gegen den Vice-König, Herzog v. Arcos. — Vertreibung des Jesuitenordens am 3. November 1767. — Wiedereinsetzung des Jesuitenordens im Königreich Neapel durch Decret König Ferdinand's I. am 2. August 1804. — Volksaufstand am 15. Mai 1848.

Neerwinden (Dorf in der belgischen Provinz Lüttich). Schlacht am 29. Juli 1693 zwischen den Franzosen unter dem Marschall von Luxembourg und den Engländern unter König Wilhelm III. — Zweite Schlacht am 18. März 1793 zwischen den oesterreichisch-preussischen Heere unter dem Prinzen Josias von Sachsen-Koburg-Saalfeld und den Franzosen unter Dumouriez.

Nemirow (Städtchen an der walachisch-russischen Grenze). Congress vom Juni bis Juli 1737 zwischen Russland, Oesterreich und der Türkei.

Neresheim (Stadt im württembergischen Jaxtkreise). Schlacht am 8. August 1796 zwischen den Franzosen unter Moreau und den Oesterreichern unter Erzherzog Karl (Sieg unentschieden). — Gefecht am 16. October 1805 zwischen den Franzosen unter Murat und den Oesterreichern unter Werneck.

Neufchâtel (Stadt im schweizer Canton gleichen Namens). Die Stände von Neufchâtel erklären König Friedrich I. von Preussen für den rechtmässigen Erben Neufchâtels am 30. November 1707. — Zusammentritt der provisorischen Regierung am 1. März 1848. (Neufchâtel reisst sich von Preussen los.)

Neuwied (Stadt am Rhein). Gefechte vom 12. August bis 15. September ... zwischen den Franzosen und Oesterreichern. — Schlacht am 18. April 1797 zwischen den Franzosen unter Hoche und den Oesterreichern.

Nevilcross (Dorf in der schottischen Grafschaft Lothian). Schlacht am 17. October 1346 zwischen den Engländern unter König Eduard III. und den Schotten unter König David II.

Newbury (Stadt in der englischen Grafschaft Berkshire). Schlacht am 20. September 1643 zwischen den Parlamentstruppen unter dem Grafen Essex und dem Heere König Karl's I. (unentschieden). — Zweite Schlacht am 27. October 1644 zwischen den Parlamentstrupen unter Essex und dem Heere König Karl's I.

New-York. Ankunft des ersten Dampfschiffs Sirius am 23. April 1838, welches, aus England kommend, das atlantische Meer passirt.

Nickolsburg (Stadt in Mähren). Friedens-Präliminarien vom 16. Juli 1868 zwischen Preussen und Oesterreich.

Niemen. Zusammenkunft Kaiser Napoleon's I. mit Kaiser Alexander von Russland am 25. Juni 1807. Tags darauf Zusammenkunft dieser Beiden mit König Friedrich Wilhelm III. von Preussen.

Nieuport (Festung in der belgischen Provinz Westflandern). Schlacht am 2. Juli 1600 zwischen den Niederländern unter Moritz von Nassau und den Spaniern unter Erzherzog Albrecht von Oesterreich. — Zweite Schlacht am 8. August 1653 zwischen den Holländern unter Tromp und den Engländern unter Brake.

Nikaea (Stadt in Bythynien). Erstes Concil im J. 325. Schlacht im J. 716 zwischem dem Gegenkaiser Theodosius und dem Kaiser Anastasius. — Zweites Concil im J. 787. — Zweite Schlacht im J. 1451 zwischen Bajazet II. und seinem Bruder Dschem.

Nikopolis (Stadt im türkischen Ejalet Rum-Ili). Schlacht am 28. September 1396 zwischen den Türken unter Sultan Bajazet I. und den Christen unter König Sigismund von Polen. — Zweite Schlacht im J. 1598 zwischen den Walachen unter ihrem Fürsten Michael und den Türken. — Dritte Schlacht am 27. October 1811 zwischen den Russen und Türken. — Seeschlacht am 18. Februar 1829 zwischen der russischen und türkischen Flotte.

Nimwegen (Hauptstadt der holländischen Provinz Geldern). Friede am 10. August 1678 zwischen Frankreich, Holland und Spanien und den vereinigten Niederlanden. — Zweiter Friede am 5. Februar 1679 zwischen König Ludwig XIV. von Frankreich und Kaiser Leopold I. von Deutschland.

Nisibi oder **Nesbi** (Dorf am Euphrat in Syrien). Schlacht am 24. Juni 1839 zwischen den Aegyptern unter Hafis Pascha und den Türken.

Noerdlingen (Stadt im bayer'schen Kreise Schwaben). Schlacht am 5. und 6. September 1634 zwischen den Kaiserlichen unter … und den Schweden unter Horn und dem Herzog Bernhard von Sachsen-Weimar. — Uebergabe der Stadt an die Franzosen am 18. October 1805.

Nola (Stadt in der neopolitanischen Provinz Terra di Lavoro). Schlacht im J. 215 vor Christus zwischen den Römern unter dem Prätor Marcus Claudius Marcellus und den Chartagern unter Hannibal. — Zweite Schlacht am 7. Juli 1460 zwischen dem Herzog von Calabrien, Jean d'Anjou, und König Ferdinand von Aragonien.

Nollendorf (Dorf im böhmischen Kreise Leitmeritz). Gefecht am 29. und 30. August 1813 zwischen den Preussen unter Kleist und den Franzosen unter Napoleon.

Northampton (Stadt in der englischen Grafschaft gleichen Namens). Friede im J. 1328 zwischen König Robert Bruce von Schottland und König Eduard III. von England. — Schlacht am 10. Juli 1460 zwischen Herzog Richard von York und König Heinrich VI., der in Gefangenschaft gerieth.

Nordheim (Stadt im Königreich Hannover). Schlacht am 21. October 1545 zwischen dem Landgrafen Philipp von Hessen und Herzog Heinrich von Braunschweig, welcher in Gefangenschaft gerieth.

North-Foreland (Vorgebirge der englischen Grafschaft Kent). Seeschlacht am 25. Juni 1666 zwischen der englischen Flotte unter Monk und der holländischen unter Ruyter.

Novara (Stadt im sardinischen Fürstenthum Piemont). Schlacht am 6. Juni 1513 zwischen den Mailändern unter Maximilian Sforza und den Franzosen unter Ludwig XII. — Zweite Schlacht am 23. März 1849 zwischen den Oesterreichern unter Radetzky und den Piemontesen unter Karl Albert, welcher zu Gunsten seines Sohnes, Victor Emanuel II., der Krone entsagt.

Novi (Stadt in der sardinischen Provinz Genua). Schlacht am 15. August 1799 zwischen den Russen und Oesterreichern unter Suwarow und den Franzosen unter Joubert.

Nowgorod (Hauptstadt im russischen Gouvernement Czernigoff). Schlacht im J. 1604 zwischen den Truppen des falschen Demetrius und dem Heere des Boris Godunow.

Nowosiolki (Ortschaft in Volhynien). Gefecht am 18. April 1831 zwischen den Russen unter Rüdiger und den Polen unter Dwernicki (Erfolg unentschieden).

Noyon (Stadt im französischen Departement Oise). Friede am 13. (oder 16.) August 1516 zwischen König Franz I. und Kaiser Karl V.

Nuernberg (ehemalige freie Reichsstadt). Erster Religionsfriede, geschlossen am 23. Juli 1532.

Nymphenburg (Schloss bei München). Vertrag vom 18. Mai 1741 zwischen Bayern und Frankreich.

Nystaedt (Stadt in Finland). Friede am 10. September 1721 zwischen Russland und Schweden.

Nyswicz (Ortschaft in Polen). Schlacht am 10. Juni 1702 zwischen den Russen unter Kossakowski und den Polen.

O.

Oberlaudenbach (Dorf in Hessen-Darmstadt). Volksversammlung am 24. Mai 1849.

Ober-Schellendorf (Dorf im preussischen Regierungsbezirk Oppeln). Geheimer

Vertrag vom 9. October 1740 zwischen König Friedrich II. von Preussen, dem englischen Gesandten Lord Hyndfort und dem österreichischen Gesandten Grafen v. Neipperg.
Oberweiler (Dorf im badischen Mittelrheinkreise). Gefecht am 29. Juni 1849 zwischen den Preussen und den badischen Insurgenten.
Obornick (Stadt im preussischen Regierungsbezirk Posen). Gefecht am 5. Mai 1848 zwischen den Preussen und polnischen Insurgenten.
Ocaña (Stadt in der spanischen Provinz Toledo). Schlacht am 10. November 1809 zwischen den Franzosen unter Marschall Soult und den Spaniern unter dem Marquis v. Arizoga.
Oczakow (Stadt im russischen Gouvernement Cherson). Erstürmung der Festung durch die Russen unter Potemkin am 17. December 1788.
Oeland (Insel in Schweden). Seeschlacht am 1. Juni 1776 zwischen der holländisch-dänischen Flotte unter Tromp und Juel und der schwedischen unter Laurids Creutz, der hier seinen Tod fand.
Oelper (Dorf im Herzogthum Braunschweig). Gefecht am 1. August 1809 zwischen den Truppen des Herzogs Friedrich Wilhelm von Braunschweig und dem westphälischen General Reubel.
Oerebro (Stadt in Schweden). Präliminar-Friede am 20. April 1812 zwischen Schweden und England. — Friede am 18. Juli 1812 zwischen Schweden und Russland.
Okuniew (Ortschaft in Polen). Gefecht am 18. Februar 1831 zwischen den Russen und Polen unter den Generalen Zymirski und Szembek.
Oldendorf (Stadt in der kurhessischen Provinz Schauenburg). Schlacht am 28. Juni 1633 zwischen den schwedisch-niedersächsischen Truppen unter Herzog Georg von Braunschweig und den Kaiserlichen unter Gronsfeld und Merode.
Oléron (Stadt im französischen Departement Basses-Pyrénées). Friede im J. 1287 zwischen König Jacob von Sicilien und König Karl II. von Neapel. — Decret vom 1. October 1799, durch welches Oléron als Verbannungsort erklärt wird.
Oliva (Marktflecken und Cisterzienser-Kloster bei Danzig in Westpreussen). Friede am 3. Mai 1660 zwischen Schweden und Polen. (Letzteres tritt Livland und Esthland an Schweden ab.)

Olivenza (Stadt in der spanischen Provinz Badajoz). Schlacht am 22. Januar 1811 zwischen den Franzosen unter Soult und den Spaniern.
Olmuetz (Stadt in Mähren). Friede am 10. (?) December 1478 zwischen Böhmen und Ungarn. — Vertrag vom 29. November 1850 zwischen Oesterreich, Preussen und Russland.
Oltenissa (Dorf in der Walachei). Schlacht am 4. November 1853 zwischen den Russen und Türken. — Zweite Schlacht am 8. Juli 1854 zwischen den Türken und Russen.
Opoczno (Stadt im polnischen Gouvernement Sandomir). Schlacht im J. 1655 zwischen den Schweden unter König Karl Gustav X. und den Polen unter König Johann Kasimir.
Oporto Aufstand am 19. Januar 1842. Die Bewohner verlangen die Einführung der Verfassung Dom Pedro's vom 19. April 1826 und proclamiren dieselbe am 31. Januar 1842. (Auch Lissabon erhebt sich für sie.)
Opslo (Vorstadt von Christiania). Schlacht im J. 1502 zwischen den Dänen unter König Johann und den Norwegern.
Ordal (Dorf in der spanischen Provinz Catalonien). Gefecht am 13. September 1813 zwischen den Franzosen unter Suchet und den Engländern unter Bentinck.
Ormea (Ortschaft in Spanien). Schlacht am 6. Juli 1794 zwischen den Spaniern und Franzosen unter Moncey. — Zweite Schlacht am 17. Juli 1795 zwischen den Franzosen unter Soult und den Spaniern.
Orsowa (Ortschaft an der Militairgrenze Oesterreichs). Wiederauffindung der von Kossuth mit sich geführten ungarischen Krone am 8. September 1853 durch den Major-Auditor Titus v. Karger.
Orsza (Stadt am Dniepr). Schlacht am 14. Juli 1508 zwischen den Polen unter König Sigismund I. und den Tartaren.
Orthes (Stadt im französischen Departement Basses-Pyrénées). Schlacht am 27. Februar 1814 zwischen den Engländern unter Wellington und den Franzosen unter Soult.
Orwais ((Dorf in Finland). Schlacht am 14. September 1808 zwischen den Russen und den Schweden unter Armfeldt.
Ossuña, früher **Ossona** (Stadt in der spanischen Provinz Sevilla). Gefecht am 14. April und 24. Juli 1812 zwischen den

Ostende — Pardo.

Franzosen und Spaniern (Erfolg unentschieden).

Ostende (Stadt in der belgischen Provinz West-Flandern). Belagerung vom 5. Juli 1601 bis 4. September 1604 durch die Spanier unter Spinola.

Ostrach (Marktflecken im Fürstenthum Hohenzollern-Hechingen). Gefecht am 20. März 1799 zwischen den Oesterreichern unter Erzherzog Karl und den Franzosen unter Jourdan.

Ostrolenka (Hauptstadt im polnischen Gouvernement Plock). Schlacht am 16. Februar 1807 zwischen den Franzosen und Polen unter Kosciuszko und den Russen unter ... — Zweite Schlacht am 26. Mai 1831 zwischen den Russen und den polnischen Insurgenten unter Skrynecki.

Ostrowno (Stadt im preussischen Regierungsbezirk Posen). Gefecht am 25. und 26. Juli 1812 zwischen den Franzosen unter Eugène de Beauharnais und den Russen unter Ostermann.

O-Szöny (Dorf bei Komorn in Ungarn). Schlacht am 27. April 1849 zwischen den Ungarn unter Goergei und den Oesterreichern unter Welden.

Otherburn (Dorf bei York in der englischen Grafschaft gleichen Namens). Schlacht im J. 1388 zwischen den Schotten unter Douglas und den Engländern unter dem Herzog von Lancaster.

Otumba (Ortschaft in Mexiko). Schlacht am 5. Juli 1520 zwischen den Spaniern unter Ferdinand Cortez und den Mexikanern.

Oudenaerde (Stadt in der belgischen Provinz Ostflandern). Schlacht am 11. Juli 1708 zwischen den Alliirten unter dem Herzog von Marlborough und dem Prinzen Eugen von Savoyen und den Franzosen unter dem Herzog von Burgund und dem Marschall von Villars.

Ouessant (Insel im französischen Departement Finisterre). Seeschlacht am 27. Juli 1779 zwischen der französischen Flotte unter Orvilliers und der englischen unter Keppel.

Ourique (Ort im portugiesischen District Deja). Schlacht im J. 1139 zwischen den Spaniern unter König Alphons von Castilien und den Mauren.

Ourtal (Ortschaft in Algerien). Schlacht am 16. November 1849 zwischen den Franzosen unter Herbillon und den Arabern.

Ovak-Hill (Ortschaft im nordamerikanischen Staat Missouri). Schlacht am 10. August 1861 zwischen den Unionisten unter den Generalen Lyon und Sigel und den Conföderirten unter General M'Culloch. (Lyon fiel in dieser Schlacht.)*)

Oversee (Marktflecken bei Flensburg im Herzogthum Schleswig). Schlacht am 24. April 1848 zwischen den Dänen und Schleswig-Holsteinern (Sieg unentschieden).

P.

Palermo (Hauptstadt des Königreichs Sicilien). Sicilianische Vesper am 31. März 1282, bei welcher über 20,000 Franzosen um's Leben kamen. — Aufstand gegen die Regierung am 12. Januar 1848. — Eröffnung des sicilianischen Parlaments am 25. März 1848. — Aufhebung des Jesuitenordens in Sicilien am 31. Juli 1848.

Palestrina (Stadt im Kirchenstaate). Schlacht am 9. Mai 1849 zwischen den Freischaaren unter Garibaldi und den Neapolitanern.

Palkene (Ortschaft im Herzogthum Finland). Schlacht am 6. October 1713 zwischen den Russen unter Czar Peter I. und den Schweden unter General Armfeldt.

Palikao (Dorf bei Peking in China). Schlacht am 21. September 1860 zwischen dem englisch-französischen Heere und den Chinesen.

Palmar (Ortschaft in Mexiko). Schlacht am 18. October 1813 zwischen den Mexikanern unter Morelos und den Spaniern unter dem Vicekönig Calleja.

Palma nuova (Stadt und Festung in der venezianischen Provinz Friaul). Uebergabe der Stadt an die Oesterreicher am 25. Juni 1848.

Palo-Alto (Ortschaft in Mexiko). Treffen am 8. Mai 1846 zwischen den Nordamerikanern unter Taylor und den Mexikanern.

Papa (Marktflecken im ungarischen Comitat Veszbrim). Schlacht am 12. Juni 1809 zwischen den Franzosen unter Eugène de Beauharnais und den Oesterreichern unter Erzherzog Johann.

Parabiago (Ortschaft im Mailändischen). Schlacht am 12. Februar 1339 zwischen den Mailändern unter Lucchino de Visconti und den Insurgenten.

Pardo (Schloss bei Madrid). Friede am 6. März 1728 zwischen England und Spanien.

---

*) Sigel nennt sie in seinem officiellen Rapport Schlacht von Wilson-Week.

Paris (Hauptstadt von Frankreich). Gründung des Jesuitenordens durch Ignaz v. Loyola am 16. August 1534. — Bluthochzeit oder Bartholomäusnacht am 24. August 1572. — Tag der Barricaden am 12. Mai 1587 und am 27. August 1648. — Gründung der französischen Akademie am 10. Juli 1637. — Friede am 10. Februar 1763 zwischen Frankreich und Spanien, England und Portugal. — Aufhebung des Jesuitenordens in Frankreich laut Decret vom 19 (?) November 1764. — Friede am 3. September 1783 zwischen Frankreich, England, Spanien und Nordamerika. — Friede am 20. Mai 1784 zwischen England und Holland. — Eröffnung des Reichstags am 5. Mai 1789. — Eröffnung der Nationalversammlung am 17. Juni 1789. — Erstürmung der Bastille am 14. Juli 1789. — Verkauf der französischen Nationalgüter am 17. März 1790. — Erste Emission von Assignaten (100 Millionen Francs) am 19. April 1790*). — Einführung der Guillotine**) am 25. April 1792. — Zweite Assignaten-Emission von 300 Millionen Francs am 29. April 1792. — Flucht der Königsfamilie nach Varennes am 20. Juni 1792 und Verhaftung derselben am 21. Juni 1792. — Plünderung der Tuilerien am 10. August 1792. — Abführung Ludwig's XVI. nach dem Tempelthurme am 13. August 1792. — Auflösung der gesetzgebenden Versammlung und Eröffnung des Nationalconvents am 21. September 1792. — Proclamirung der Republik am 25. September 1792. — Hinrichtung Ludwig's XVI. am 21. Januar 1793. — Errichtung des Revolutionstribunals am 10. März 1793. (Beginn der Schreckensherrschaft). — Dritte Assignaten-Emission von 1200 Millionen Francs am 7. Mai 1793 — Hinrichtung Maria Antoinetten's am 10. October 1793. — Einweihung der Notre-Dame-Kirche zum Tempel der Vernunft am 9. November 1793. — Fest zu Ehren des höchsten Wesens am 8. Juni 1794. — Aufhebung des Revolutionstribunals am 31. Mai 1795. — Separatfriede am 10. October 1796 zwischen Frankreich und Neapel. — Friede am 7. August 1796 zwischen Frankreich und Württemberg. — Verschwörung der Höllenmaschine gegen den ersten Consul Buonaparte am 24. December 1800. — Friede am 9. October 1801 zwischen Frankreich und der Türkei. — Gründung des Ordens der Ehrenlegion am 19. Mai 1802. — Das neue Gesetzbuch (Code Napoléon) tritt in Kraft am 24. März 1804. — Friede am 6. Januar 1810 zwischen Frankreich und Schweden. (Letzteres erhält Schwedisch-Pommern und die Insel

---

*) Es gab deren von 1000 Livres, 500 L., 250 L., 125 L., 50 L., 25 L., 10 L., 5 l., 1 L., 50, 25, 15, 10 und 5 Sous in Octav, Duodez, Sedez und noch kleinerem Format auf weisses, gelbes, blaues, rothes und grünes Papier gedruckt, mit mancherlei Devisen und Verzierungen. Die ersten Assignaten trugen die Inschrift: Domains nationaux. Assignat de ... payable au porteur mit der gestochenen Namensunterschrift Guyon oder Boyvin. Darunter in der Mitte ein schwarzes Dreieck, in welchem die Summe des Werthes stand. In den drei Ecken waren die Worte: „La Nation, La Loi, Le Roi" zu lesen. Links darunter befand sich das eingepresste Siegel der Republik, rechts — auffallend und widersprechend genug — das des Königs. Links unten stand die Warnung: „La loi punit de mort le contrefacteur", rechts: „La nation recompense le dénonciateur". Die ganze Sippschaft dieser Assignaten findet sich in der „Collection de papier-monnayes qui ont eu cours depuis l'époque de la Révolution française" (Paris 1796), in welcher sie auf einem Foliobogen in ein Quodlibet zusammengeschoben sind. — Ich selbst besass noch vor wenigen Jahren einen ziemlich grossen Vorrath solcher Assignaten im Werthe von mehr als 200,000 Francs, die ich im Jahre 1830, während meiner ersten Anwesenheit in Paris von einem dortigen Freunde zum Geschenk erhielt und mit welchen ich, nach dem Beispiele der Mademoiselle Dugazon, in Leipzig mein Schlafzimmer tapeziren liess.

**) Zur Zeit der Schreckensherrschaft erschien zu Paris ein „Journal de la Guillotine, ou

Liste générale et très-exacte des noms, âges qualités et demeures de tous les conspirateurs qui ont été condamnés à mort par le tribunal révolutionair établi à Paris par la loi du 17 août 1792 et par le second tribunal établi à Paris par la loi du 10 mars 1793, pour juger tous des ennemis de la patrie" (Paris an II de la République, une indivisible et impérissable). Diese Liste, die jetzt ausserordentlich selten ist, besteht aus 11 Nummern, von denen jede das Motto trägt:

„Vous, qui faites tant de victimes,
Ennemis de l'égalité,
Recevez le prix de vos crimes,
Et nous aurons la liberté!"

Diese 11 Nummern enthalten die Namen von 2787 Personen, welche blos in Paris guillotinirt worden sind.

Rügen zurück.) — **Schlacht bei Paris am 30. März 1814** zwischen den Alliirten und Frankreich am 30. Mai 1814. — **Zweiter Friede am 20. November 1815** zwischen denselben Mächten. — **Ermordung des Herzogs von Berry durch Louvel am 13. Februar 1820.** — **Vertreibung Karl's X. durch die Juli-Revolution vom 27. bis 29. Juli 1830.** — **Erhebung Ludwig Philipp's zum König der Franzosen am 9. August 1830.** — **Erstes Attentat auf König Ludwig Philipp durch Mademoiselle Bury am 19. November 1832.** — **Zweites Attentat auf Ludwig Philipp durch Fieschi am 28. Juli 1835.** — **Drittes Attentat durch Alibaud am 25. Juni 1836.** — **Viertes Attentat durch Meunier am 27. December 1836.** — **Aufhebung der Spielhäuser in Frankreich am 1. Januar 1838.** — **Fünftes Attentat auf König Ludwig Philipp, versucht von Darmes, am 15. October 1840.** — **Beisetzung der Ueberreste Napoleon's im Dome der Invaliden am 15. December 1840.** — **Sechstes Attentat auf Ludwig Philipp durch Lecomte im Park von Fontainebleau am 16. April 1846.** — **Siebentes Attentat** versucht durch den Stahlwahrenfabrikanten Henry, in Paris, am 29. Juli 1846. — **Vertreibung Ludwig Philipp's II. durch die Revolution vom 24. Februar 1848.** —† **Aufstand der Arbeiter am 22. 23. 24. und 25. Juni 1848.** — Cavaignac, Besieger des Aufstandes, wird von der Nationalversammlung zum **Chef der vollziehenden Gewalt und zum Präsidenten des Ministerraths** ernannt. — **Zusammenkunft am 29. November 1855 Kaiser Napoleon's III. mit König Victor Emanuel von Sardinien.** — **Friede am 30. März 1856** zwischen Frankreich, England, Oesterreich, Sardinien und Russland. — **Friedensvertrag vom 4. März 1857** zwischen England und Persien, welches Herat an England zurückgeben muss.

Parkany oder **Barakan** (Marktflecken im ungarischen Comitate Gran). **Schlacht am 9. und 10. October 1683** zwischen den Oesterreichern und Polen unter dem Herzoge von Lothringen und den Türken, welche dadurch Gran verloren.

Parma (Hauptstadt des Herzogthums gleichen Namens). Der Herzog von Parma verfügt die Vertreibung der Jesuiten laut Decret vom 5. Februar 1768. — **Friede am 9. Mai 1796** zwischen der französischen Republik und Parma.

Parsdorf (Ortschaft bei München). **Waffenstillstand am 15. Juli 1800** zwischen den Oesterreichern unter Kray und den Franzosen unter Moreau.

Passarowitz (Marktflecken in Serbien). **Friede am 21. Juli 1718** zwischen Oesterreich, Venedig und der Türkei.

Passau (Stadt in Bayern). **Vertrag am 2. August 1553** zwischen Kaiser Karl V. und dem Kurfürsten Moritz von Sachsen.

Patacin (Marktflecken im serbischen Bezirk Semendria). **Schlacht am 30. August 1688** zwischen den Oesterreichern unter dem Markgrafen Ludwig von Baden und den Türken unter dem Seraskier Aral Bassa.

Patay (Stadt im französischen Departement Loiret). **Schlacht am 18. Juni 1429** zwischen den Franzosen unter Jeanne d'Arc und den Engländern unter Talbot, der auf dem Schlachtfelde blieb.

Patras (Stadt im griechischen Gouvernement Achaja). **Erster Aufstand am 21. Februar 1821** der Griechen gegen die Türken. — **Seeschlacht am 6. März 1822 und am 27. Januar 1826** zwischen den Griechen unter Canaris und den Türken.

Patratschik (Stadt in der griechischen Eparchie Phthiotis). **Schlacht am 18. Juli 1822** zwischen den Griechen und Türken.

Pastrengo (Ortschaft in Sardinien (?). **Schlacht am 30. April 1848** zwischen den Sardiniern unter König Karl Albert und den Oesterreichern unter Radetzky.

Pavia (Stadt in der lombardischen Provinz Mailand). **Concil am 4. Februar 1160.** — **Schlacht am 24. Februar 1525** zwischen den Kaiserlichen unter General Lannoy und den Franzosen unter König Franz I., der in die Gefangenschaft Kaiser Karl's V. gerieth.

Payerne oder **Peterlingen** (Stadt im schweizer Canton Waadt). **Vertrag vom J. 1730** zwischen Bern und Savoyen. — **Waffenstillstand am 15. Februar 1798** zwischen den Franzosen und Bernern unter Erlach.

Pea-Ridge*) (Hügelkette an der Nordwestgrenze von Arkansas). **Dreitägige Schlacht am 6. 7. und 8. März 1862** zwischen den Unionisten unter den Generalen Curtis und Sigel und den Conföderirten unter General Price.

Peking (Hauptstadt des Kaiserreichs China). **Kaiser Tao-Kwang verbietet das Opiumrauchen im J. 1838.**

---

*) Wird auch Schlacht am Suger-Creek genannt.

Pennacerrada (Ortschaft in Spanien). Schlacht am 23. Juni 1839 zwischen den Spaniern unter Espartero und den Carlisten unter Guergue.

Perekop (Stadt in Taurien). Schlacht am 17. August 1696 zwischen den Russen und Türken.

Perlepe (Ortschaft in der Türkei). Schlacht am 25. April 1831 zwischen den Türken unter Reschid-Pascha und dem ehemaligen Pascha Mustapha von Albanien.

Pesth (Hauptstadt des Königreichs Ungarn). Kossuth wird von der ungarischen National-Versammlung zum Dictator ernannt am 10. October 1848. Er antwortet: »Werde ich durch meine Thaten der Nation nichts nützen, dann jagt mich fort; werde ich ihr schaden, so schlagt mir den Kopf ab.«

Petersburg (Hauptstadt des russischen Reichs). Gründung Petersburgs am 27. Mai 1703. — Grundsteinlegung der Isaakskirche durch Czar Peter I. am 16. August 1717. — Verschwörung gegen Biron, Herzog von Kurland, am 7. November 1740 (er wird nach Schlüsselburg gebracht). — Friede am 5. Mai 1762 zwischen Czar Peter III. von Russland und König Friedrich II. von Preussen. — Ermordung Czar Peter's III. am 14. Juli 1762. — Einführung des russischen Papiergeldes durch Kaiserin Katharina II. am 30. October 1769. — Tractat vom 5. August 1772 zwischen Russland, Oesterreich und Preussen über die erste Theilung Polens. — Enthüllung der Reiterstatue Peter's I. im J. 1782*). — Ermordung Kaiser Paul's am 23. März 1801. — Vertreibung der Jesuiten aus Russland laut Decret vom 25. März 1820. — Militair-Aufstand am 26. December 1825. — Einweihung der Alexandersäule am 11. September 1834.

Peterswalde (Marktflecken in Böhmen). Gefecht am 16. September 1813 zwischen den Franzosen und Verbündeten.

Peterwardein (Stadt an der slavonischen Grenze). Schlacht am 16. August 1716 zwischen den Oesterreichern unter dem Prinzen Eugen von Savoyen und den Türken unter dem Grosswesir Kumurdschi.

Pfaffenhofen (Stadt an der Ilm in Ober-Bayern). Schlacht am 15. April 1745 zwischen den Oesterreichern unter Batthyányi und dem französisch-bayerischen Heere unter Ségur. — Waffenstillstand am 7. September 1796 zwischen den Franzosen und dem Kurfürsten Karl Theodor von Bayern. — Zweite Schlacht am 19. April 1809 zwischen den Franzosen unter Oudinot und den Oesterreichern unter Hiller.

Pharsalos, jetzt **Fersalo** (Stadt in Thessalien). Schlacht am 20. Juli 40 vor Christi Geburt zwischen Julius Caesar und Pompejus. — Zweite Schlacht am 9. August 48 vor Christi Geburt zwischen den Römern und König Philipp von Macedonien. — Dritte Schlacht im J. 189 vor Christi Geburt zwischen den Römern und den Macedoniern unter König Philipp IV.

Philadelphia (Hauptstadt des nordamerikanischen Staats Pennsylvanien). Congress am 15. Juni 1775, auf welchem Washington zum Oberbefehlshaber des nordamerikanischen Heeres ernannt ward.

Philippi (Stadt in Macedonien). Schlacht im J. 42. vor Christus zwischen den Triumvirn Antonius und Octavius gegen Brutus und Cassius, die sich nach dieser Schlacht das Leben nahmen.

Pillnitz (Lustschloss bei Dresden). Convention vom 25. bis 27. August 1791 zwischen Kaiser Leopold II., König Friedrich Wilhelm II. von Preussen und dem Grafen von Artois gegen Frankreich.

Pinkay (Ortschaft in Schottland). Schlacht am 10. September 1547 zwischen den Engländern unter Somerset und den Schotten unter Arran.

Pirmasens (Stadt in der bayer'schen Pfalz). Schlacht am 14. September 1793 zwischen den Preussen unter Herzog Karl von Braunschweig und den Franzosen unter Moreau.

Pirna (Stadt bei Dresden). Vertrag vom J. 1634 zwischen Sachsen und Kaiser Ferdinand II., wodurch der Prager Frieden eingeleitet ward.

Pisa (Stadt im Grossherzogthum Toscana). Concil, eröffnet am 1. November 1511. — Aufstand gegen die Jesuiten am 26. Februar 1848.

Pisco (Stadt im peruanischen Departement Lima. Schlacht am 27. October 1842 zwischen General Vidal und General Torrico.

Pitschen (Stadt in Schlesien). Schlacht am 24. Januar 1588 zwischen König Sigismund von Polen und Schweden und dem Erzherzog Maximilian von Oesterreich,

---

*) Der Granitblock, auf dem sich die Statue erhebt, wiegt 900,000 Pfund, das Metall 440 und das verbindende Eisen 100 Centner.

der hier, als Bewerber um die polnische Krone, in Gefangenschaft gerieth.

Pittsburgh-Landing*) (Ortschaft am Mississippi). Schlacht am 6. und 7. April 1862 zwischen den Unionisten unter General Grant und den Conföderirten unter Beauregard und Johnstone.

Plataeae (Stadt in Böotien). Schlacht am 25. September 479 vor Christi Geburt zwischen den Griechen unter Pausanias und Aristides und den Persern unter Mardonius.

Plawcna (Dorf in Polen). Schlacht am 27. September 1731 zwischen dem deutschen Ordensheere unter dem Marschall Dietrich v. Altenburg und den Polen unter König Wladislaw.

Plessis-le-Tour (Dorf bei Tours im französischen Departement Indre-et-Loire). Vertrag vom 19. September 1580 zwischen Spanien und den Niederlanden.

Plomnitz (Dorf bei Habelschwerdt in Schlesien). Schlacht am 14. Februar 1745 zwischen den Preussen unter Lehwald und den Oesterreichern unter Wallis.

Plymouth (Stadt in der englischen Grafschaft Devon). Seeschlacht am 26. August 1652 zwischen der holländischen Flotte unter Ruyter und der englischen unter Ayscoul (?).

Podobna (Dorf im russischen Gouvernement Grodno). Schlacht am 12. August 1812 zwischen den Franzosen und Sachsen unter Reynier und den Russen unter Tormassoff.

Podol (Dorf bei Prag). Schlacht am 26. Juni 1866 zwischen den Preussen und Oesterreichern.

Polschwitz (Dorf im schlesischen Regierungsbezirk Breslau). Waffenstillstand am 4. Juni 1813 zwischen dem preussisch-russischen Heere und den Franzosen.

Poitiers (Stadt im französischen Departement Loiret). Schlacht im J. 732 zwischen den Franken unter Karl Martell und den Saracenen unter Abderrhaman. — Zweite Schlacht am 19. September 1356 zwischen den Engländern unter dem schwarzen Prinzen und den Franzosen unter König Johann dem Guten.

Pola (Stadt im illyrisch-österreichischen Kreise Istria). Seeschlacht am 16 (?) Mai 1379 zwischen den Genuesern und Venezianern unter Pisani, der wegen Verlusts dieser Schlacht zu fünfjährigem Gefängniss verurtheilt ward.

Polesk (Stadt im russischen Gouvernement Witebsk). Gefecht am 30. und 31. Juli zwischen den Russen unter Wittgenstein und den Franzosen unter Oudinot. — Zweites Gefecht am 1. August zwischen den Franzosen unter Oudinot und den Russen unter Wittgenstein. — Schlacht am 17. und 18. August 1812 zwischen den Franzosen und Russen. — Zweite Schlacht am 18. bis 20. October zwischen den Russen unter Wittgenstein und den Franzosen unter Gouvion-Saint-Cyr.

Poltawa oder **Pultawa** (Stadt im russischen Gouvernement gleichen Namens). Schlacht im J. 1076 zwischen den Polen und Preussen. — Zweite Schlacht am 8. Juli 1709 zwischen den Russen unter Czar Peter I. und den Schweden unter König Karl XII.

Pontamo (Ortschaft in Spanien). Schlacht im J. 761 zwischen König Froila I. von Spanien und den Mauren.

Penza (Insel in der (neapolitanischen Provinz Terra di Lavoro). Seeschlacht im J. 1390 zwischen der neapolitanischen Flotte unter Lauria und der sicilianischen unter Doria.

Port-Mahon (Hauptstadt der spanischen Insel Minorca). Seeschlacht am 20. Mai 1766 zwischen der französischen Flotte unter Gallissonnière und der englischen unter Byng.

Porto Venere (Stadt im sardinischen Herzogthum Genua). Seeschlacht am 6. August 1288 zwischen der genuesischen und pisanischen Flotte.

Posen (Hauptstadt des gleichnamigen Grossherzogthums). Friede am 11. December 1806 zwischen Napoleon und dem Kurfürsten Friedrich August von Sachsen, der den Königstitel annimmt.

Pothi (Stadt in der asiatisch-russischen Provinz Smerethi). Schlacht am 14. November 1829 zwischen den Russen unter Tormassoff und den Türken unter dem Pascha von Trebisond.

Potsdam (Stadt bei Berlin). Geheimer Allianzvertrag vom 3. November 1805 zwischen Preussen und Russland gegen Frankreich.

Prag (Hauptstadt des Königreichs Böhmen). Vergleich (Prager Compactaten) vom 30. November 1433, laut welchem den Hussiten der Gebrauch des Kelches und ihren Priestern freie Lehre zugestanden

---

*) Wird auch Schlacht bei Corinth oder Schlacht bei Shiloh genannt.

wird. — **Kaiser Rudolph's II. Majestätsbrief** vom 11. Juli 1609, der den königlichen Städten und den böhmischen Ständen freie Ausübung ihrer Religion gewährt*). — Die böhmischen Protestanten (Utraquisten), empört über die Verletzung des Majestätsbriefs, werfen die kaiserlichen Räthe, Martinitz und Slavata und den Geheimschreiber Fabricius aus den Fenstern des Hradschin in den Schlossgraben hinab am 23. März 1618: **Ausbruch des dreissigjährigen Krieges.** — **Verbannung der Jesuiten aus Böhmen** am 1. Juni 1618. — **Kurfürst Friedrich V. von der Pfalz wird König von Böhmen** am 27. August 1619. — Einzug desselben in Prag am 30. October 1619. — Friede am 10. Mai 1635 zwischen Kaiser Ferdinand II. und dem Kurfürsten Johann Georg von Sachsen. — Friede im J. 1720 zwischen Oesterreich und Spanien. — Schlacht am 6. Mai 1757 zwischen den Preussen unter König Friedrich II. und den Oesterreichern unter dem Prinzen Karl von Lothringen. — Congress vom 28. Juli bis 13. August 1813 zwischen Oesterreich, Preussen und England einerseits und Frankreich andrerseits (die Vermittelungsversuche misslungen). — **Aufstand der czechischen Bevölkerung** am 12. Juni 1848. — Friede am 23. August 1866 zwischen Preussen und Oesterreich. (Letzteres zahlt 30 Millionen Thaler Kriegsentschädigung.)

Praga (Vorstadt von Warschau). Schlacht am 25. Februar 1831 zwischen den Russen unter Diebitsch und den Polen unter Chlopicki.

Prattelen (Dorf im schweizer Canton Basel-Landschaft). Schlacht am 26. August 1444 zwischen den Schweizern und den Franzosen unter Sancerre.

Presburg (Stadt in Ungarn). Friede am 7. November 1490 zwischen Kaiser Maximilian I. und Ungarn. — Reichstag am 13. October 1687 (Ungarns Krone für Oesterreich erblich erklärt). — Zweiter Friede am 20. December 1805 zwischen Frankreich und Oesterreich.

Preston (Ortschaft in der englischen Grafschaft Lancaster). Schlacht am 17. August 1684 zwischen den Parlamentstruppen unter Cromwell und den Königlichen unter Karl I.

*) Diese Begünstigung wurde durch Kaiser Matthias im J. 1618 wieder aufgehoben, und die Zurücknahme jenes Majestätsbriefs war die erste Veranlassung zum **Ausbruche des dreissigjährigen Krieges**.

Prestonpans (Stadt in der schottischen Grafschaft Haddington). Schlacht am 21. November 1745 zwischen dem Prätendenten Karl Eduard Stuart und den königlichen Truppen unter Cope.

Pretzsch (Stadt im preussischen Regierungsbezirk Merseburg). Schlacht am 29. October 1759 zwischen den Preussen unter Finck und Wedell und den Oesterreichern unter dem Herzog von Arenberg. — Gefecht am 16(?) October 1760 zwischen den Preussen unter Finck und der Reichsarmee unter dem Fürsten von Wied.

Prevesa (Stadt im türkischen Sandschak Janina). Seeschlacht am 28. September 1538 zwischen den Türken unter Haireddin Pascha, genannt Barbarossa, und der vereinigten Flotten des Papstes, Spaniens und Venedigs.

Princetown (Ortschaft in Nordamerika). Schlacht am 3. Januar 1777 zwischen den Nordamerikanern unter Washington und den Engländern unter Lord Cornwallis.

Pruth*) (Fluss zwischen Russland und der Türkei). Friede am 23. Juli 1711 zwischen der Türkei und Russland, das Azow zurückgeben muss.

Puebla (Stadt in Mexiko). Gefecht am 5. Mai 1862 zwischen den Mexikanern und Franzosen.

Puente de Calderon (Stadt in Mexiko). Schlacht am 17. Januar 1811 zwischen den Spaniern unter Callejas und den Mexikanern unter Miguel Hidalgo y Castilla. — Waffenstillstand am 10. December 1832 zwischen Santana und Bustamente.

Pultusk (Stadt im polnischen Gouvernement Plock). Schlacht im J. 1703 zwischen den Schweden unter Renskjoeld und den Sachsen unter Steinau. — Zweite Schlacht am 26. December 1806 zwischen den Russen unter Wittgenstein und den Franzosen unter Napoleon.

Punitz oder **Ponjec** (Stadt in Grossherzogthum Posen). Schlacht im J. 1706 zwischen den Schweden unter König Karl XII. und den Sachsen unter dem Grafen v. d. Schulenburg.

Punniar (Ortschaft bei Gwalior in Ostindien). Schlacht am 29. December 1843 zwischen den Engländern unter Grey und den Mahratten.

Puno (Stadt in der südamerikanischen

*) Wird auch Friede von **Falczy** genannt.

Republik Peru). **Friede am 7. Juni 1842** zwischen Peru und Bolivia.

Puruaran (Ortschaft in Mexiko). Schlacht am 7. Januar 1814 zwischen den Spaniern unter Llana und den Mexikanern unter Morelos.

Pasol (Stadt in der spanischen Provinz Valencia). Schlacht am 25. October 1811 zwischen den Franzosen unter Suchet und den Spaniern unter Blake.

Pydna (Stadt in Macedonien). Schlacht am 22. Juni 168 vor Christus zwischen den Römern und den Macedoniern unter König Perseus.

Pyramiden (bei Kairo). Schlacht am 21. Juli 1798 zwischen den Franzosen unter Buonaparte und den Mameluken unter Murad-Bey.

Pyrenaeen (Grenzgebirge zwischen Frankreich und Spanien). Friede am 7. November 1659 zwischen Frankreich und Spanien. — Schlacht vom 27. bis 31. Juli 1813 zwischen den Franzosen unter Soult und den Engländern unter Wellington.

Q.

Quatre-Bras (Vorwerk bei Nivelles in der belgischen Provinz Süd-Brabant). Schlacht am 16. Juni 1815 zwischen den Engländern und Franzosen. (In dieser Schlacht fiel Herzog Friedrich Wilhelm von Braunschweig.)

Quebec (Hauptstadt von Canada). Schlacht am 13. September 1759 zwischen den Engländern unter General Wolfe, der hier seinen Tod fand, und den Amerikanern.

Quebrachito (Ortschaft in der Republik Buenos-Ayres). Schlacht am 28. November 1840 zwischen General Pacheco und Lavalle.

Queluz (Ortschaft in der brasilianischen Provinz Minas Geraes). Schlacht am 26. Juli 1842 zwischen den Truppen der Regierung und den Aufständischen.

Queretaro (Stadt in Mexiko). Schlacht am 15. Mai 1867 zwischen den mexikanischen Insurgenten unter Juarez und den Regierungstruppen unter Kaiser Maximilian.

Quesnoy (Stadt und Festung im französischen Departement Nord). Friede im J. 1441 zwischen König Karl VI. von Frankreich und Herzog Johann von Burgund. — Schlacht am 4. October 1712 zwischen den Franzosen und Spaniern. — Zweite Schlacht am 15. August 1794 zwischen den Franzosen und Oesterreichern.

Quiberon (Landzunge im französischen Departement Morbihan). Landung und Niederlage der vereinigten Emigranten und Engländer am 26. und 27. Juni 1795.

Quiévrain (Marktflecken in der belgischen Provinz (Hainaut). Schlacht am 29. April 1792 zwischen den Franzosen und Oesterreichern.

Quito (Hauptstadt der südamerikanischen Republik Ecuador). Erdbeben am 22. März 1854.

R.

Raab (Stadt in Ungarn). Schlacht im J. 1045 zwischen Kaiser Heinrich III. und den Ungarn. — Zweite Schlacht am 25. März 1598 zwischen den Kaiserlichen unter Pálffy und Schwarzenberg und den Türken. — Dritte Schlacht im J. 1706 zwischen den Kaiserlichen unter Pálffy und den ungarischen Insurgenten. — Vierte Schlacht am 14. Juni 1809 zwischen den Franzosen unter Eugène de Beauharnais und den Oesterreichern unter den Erzherzogen Johann und Joseph.

Rascht (See- und Hafenstadt am kaspischen Meere). Friede im J. 1732 zwischen Russland und Persien.

Ragas (Marktflecken im schweizer Canton Sanct-Gallen). Schlacht am 5. März 1446 zwischen den Schweizern und den Oesterreichern unter Hans v. Rechberg.

Rakowitz (See in der Molda). Schlacht am 17. Januar 1475 zwischen dem Fürsten Stephan von der Moldau und den Türken.

Ramanieh (Dorf in Unter-Aegypten). Schlacht am 21. März 1801 zwischen den Engländern unter Abercromby und den Franzosen unter Kleber.

Rambeeler Heide (zwischen Gadebusch und Grevsmühle in Mecklenburg-Schwerin). Schlacht im J. 1283 zwischen den Söhnen Herzog Heinrich's I. von Braunschweig gegen Sachsen und Brandenburg.

Rambouillet (Lustschloss bei Versailles). Abdankung König Karl's X. und seines Sohnes am 2. August 1830.

Ramelies oder **Rameilles** (Dorf in der belgischen Provinz Südbrabant). Schlacht am 23. Mai 1706 zwischen den Engländern unter Marlborough und dem französisch-bayer'schen Heere unter Villeroi und dem Kurfürsten Maximilian Emanuel.

Ramla (Stadt im türkischen Ejalet Damask). Schlacht am 25. November 1177

zwischen den **Kreuzfahrern** unter König **Balduin** von **Jerusalem** und dem Sultan **Sala Eddin** von Aegypten.
Rampagar (Ortschaft in Ostindien). Schlacht am 22. November 1848 zwischen den **Sikhs** und den **Engländern** unter Hugh Gough.
Rapallo (Meerbusen im Herzogthum Genua). Seeschlacht am 28. August 1431 zwischen den **Venezianern** unter Pietro **Loredano** und den **Genuesen** unter Raimondo Mannello (?).
Rapapa (Ortschaft auf der Insel Otahaiti). Schlacht am 30. Juni 1844 zwischen den **Eingeborenen** und **Franzosen**.
Rapidan (Fluss in Nordamerika). Schlacht am 5. und 6. Mai 1864 zwischen den **Unionisten** unter General **Grant** und den **Conföderirten** unter General **Lee**.
Rasgrad (Stadt in der Türkei). Gefecht am 13. Juni 1810 zwischen den **Russen** und **Türken**.
Raslawice (Dorf im polnischen Gouvernement Krakau). Schlacht am 4. April 1794 zwischen den **Polen** unter **Kosciuszko** und den **Russen** unter Denisow.
Rastadt (Stadt und Festung im Grossherzogthum Baden). Friede am 7. März 1714 zwischen **Frankreich** und **Oesterreich**, wodurch der spanische Erbfolgekrieg beendet wird. — Gefecht am 4. Juli 1796 zwischen den **Oesterreichern** und **Franzosen**. — Eröffnung des Friedens-Congresses am 9. December 1797 zwischen der **französischen Republik** und **Deutschland**. — Ermordung der französischen Gesandten Roberjot und Bonnier am 28. April 1798 (der dritte Gesandte, Debry, entkam durch Flucht).
Raszyn (Marktflecken in der polnischen Provinz Warschau). Gefecht am 19. April 1809 zwischen den **Oesterreichern** und den **Polen und Sachsen** unter Poniatowski.
Ratkow (Dorf bei Lübeck). Capitulation vom 7. November 1806, laut welcher Bluecher die Stadt Lübeck den Franzosen übergeben muss.
Rattenberg (Stadt im tyroler Unter-Innthale). Schlacht am 13. August 1809 zwischen den **Tyrolern** unter Andreas Hofer und den **Bayern** unter Arco, welcher auf dem Schlachtfelde blieb.
Raucoux (Marktflecken bei Sedan in den Ardennen). Schlacht am 11. October 1746 zwischen den **Franzosen** unter Marschall **Moritz von Sachsen** und den **Oesterreichern, Holländern und Bayern**.

Ravenna (Stadt im Kirchenstaate). Schlacht am 31. August 476 zwischen **Odoacer** und **Romulus Augustulus**. — Zweite Schlacht im J. 752 zwischen den **Franken** und **Longobarden**. — Dritte Schlacht am 11. April 1512 zwischen den **Franzosen** unter Gaston de Foix, Duc de Nemours, der hier sein Leben verlor, und den verbündeten **Venezianern, Spaniern und Engländern**.
Raygrod (Stadt im polnischen Gouvernement Augustowo). Schlacht am 28. Mai 1831 zwischen den **Polen** und **Russen**.
Regensburg (Stadt in Bayern). Beginn des beständigen Reichstags daselbst am 26. Januar 1663. (Er bestand aus 369 stimmberechtigten Reichsständen mit 240 Stimmen.) — Schlacht am 19. und 23. April 1809 zwischen den **Franzosen** unter Napoleon und den **Oesterreichern** (Sieg unentschieden).*) — Grundsteinlegung der von König Ludwig I. erbauten Walhalla am 18. October 1830. — Eröffnung derselben am 18. October 1842.
Reichenbach (Stadt im Herzogthum Schlesien). Schlacht am 16. August 1762 zwischen den **Preussen** unter König Friedrich II. und den **Oesterreichern** unter Laudon. — Congress und Convention am 27. Juli 1790 zwischen Oesterreich und der Türkei. — Subsidien-Vertrag am 14. und 15. Juni 1813 zwischen England, Preussen und Russland.
Reichenberg (Stadt im böhmischen Kreise Bunzlau). Gefecht am 21. Juni 1757 zwischen den **Preussen** und **Oesterreichern**.
Rendsburg (Stadt im Herzogthum Holstein). Vertrag am 16. April 1649 zwischen **Dänemark** und **Oldenburg**, laut welchem Letzteres den König von Dänemark als seinen Erben einsetzt. — Waffenstillstand am 16. December 1813 zwischen **Dänemark** und **Schweden**.
Rennes (Dorf im schweizer Canton Graubündten). Gefecht am 30. April 1799 zwischen den **Oesterreichern** unter Feldmarschall-Lieutenant Bellegarde und den **Franzosen** unter General Lecourbe.
Rennes (Stadt im französischen Departement Ille-et-Vilaine). Friede am 15. November 1491 zwischen König Karl VIII. von Frankreich und der Herzogin Anna von Bretagne.
Rheinfelden (Stadt im schweizer Canton

---

*) Die Schlacht bei Regensburg war die einzige, in welcher Napoleon verwundet worden ist.

Aargau). Schlacht am 2. März 1638 zwischen den Franzosen unter Herzog Bernhard von Sachsen-Weimar und dem bayerisch-kaiserlichen Heere unter Jean de Weert.

Ribe oder **Ripen** (Stadt in der dänischen Provinz Jütland). Friede am 28. Februar 1330 zwischen König Christoph II. von Dänemark und seinem Bruder Waldemar III.

Richa (Dorf im türkischen Ejalet Damask). Schlacht am 24. August 1862 zwischen den Türken und Montenegrinern.

Richmond (Hauptstadt des nordamerikanischen Staats Virginia). Zweitägige Schlacht am 30. und 31. Mai 1862 zwischen den Unionisten unter M'Clellan und den Conföderirten unter Beauregard. — Siebentägige Schlacht vom 26. Juni bis 1. Juli 1862 zwischen den Unionisten unter M'Clellan und den Conföderirten.

Rich-Mountain (Ortschaft in Westvirginien). Schlacht am 11. Juli 1861 zwischen den Unionisten unter M'Clellan und den Conföderirten unter Garnet.

Ried (Marktflecken in Ober-Oesterreich). Vertrag vom 8. October 1813 zwischen Oesterreich und Bayern.

Rio de Janeiro (Hauptstadt des Kaiserreichs Brasilien). Friede am 27. August 1828 zwischen Brasilien und der Republik Buenos Ayres. — Aufstand am 6. April und Abdankung Kaiser Pedro's I. zu Gunsten seines siebenjährigen Sohnes Don Pedro II. am 7. April 1831. — Rückkehr Don Pedro's I. nach Europa am 12. April 1831.

Rippach (Dorf im preussischen Regierungsbezirk Merseburg). Gefecht am 15. November 1632 zwischen den Schweden unter König Gustav II. Adolph und den Oesterreichern unter Colloredo.

Rivoli (Dorf in der venezianischen Provinz Udine). Schlacht am 6. August 1796 zwischen den Franzosen unter Masséna und den Oesterreichern unter Quosdanowich. — Zweite Schlacht am 17. August 1796 zwischen den Oesterreichern unter Davidowich und den Franzosen unter Masséna. — Dritte Schlacht am 14. und 15. Januar 1797 zwischen den Franzosen unter Masséna und den Oesterreichern unter Quosdanowich.

Rochefort (Hauptstadt des französischen Departements Charente-Inférieure). Napoleon begiebt sich in englischen Schutz am 13. Juli 1815.

Rochlitz (Stadt im Königreich Sachsen). Erbfolge-Vertrag vom 1. Juni 1403 zwischen Balthasar und Wilhelm von Thüringen. — Schlacht am 2. März 1347 zwischen Johann Friedrich dem Grossmüthigen von Sachsen und dem Markgrafen Albrecht von Brandenburg, der in Gefangenschaft des Erstern gerieth.

Rocroy (Ortschaft im französischen Departement der Ardennen). Schlacht am 19. Mai 1643 zwischen den Franzosen unter dem Prinzen von Condé und dem spanischen Gouverneur der Niederlande, Francisco de Mello.

Roddofredo (Dorf bei Padua in der Lombardei). Schlacht am 10. August 1746 zwischen dem oesterreichisch-sardinischen Heere unter Botta und der französisch-spanischen Armee unter de Gages.

Rodzin (Ortschaft in der Moldau). Friede am 11. Februar 1681 zwischen Russland und der Türkei, welche Asow an Russland zurückgeben muss.

Roeskilde (Stadt in der dänischen Provinz Seeland). Friede am 24. Februar 1568 zwischen Schweden, Dänemark und Lübeck. — Zweiter Friede am 26. Februar 1658 zwischen König Karl X. Gustav von Schweden und König Friedrich III. von Dänemark, welcher Schonen und Halland, Bohus, Drontheim und Bornholm an Schweden abtreten muss.

Roleia (Ortschaft in Spanien). Schlacht am 17. August 1808 zwischen den Engländern unter Wellington und den Franzosen unter Soult.

Rom (Hauptstadt des Kirchenstaats). Gründung Rom's durch Romulus am 21. April 754 vor Christi Geburt. — Cola di Rienzi wird zum Volkstribunen ausgerufen am 20. Mai 1347. — Ermordung desselben am 8. October 1354. — Papst Julius II. legt den Grundstein zur Peterskirche am 18. April 1506. — Bannbulle Papst Leo's X. gegen Martin Luther und dessen Anhänger am 3. Januar 1521. — Erstürmung Rom's durch die Truppen Kaiser Karl's V. am 6. Mai 1527: Gefangennahme des Papstes Clemens VII. — Bestätigung des Jesuitenordens durch Papst Paul III. am 27. September 1540. — Abreise des Papstes Pius VI. nach Wien am 27. Februar 1782*) Concordat vom 15. Juli

---

*) Kurz vorher hatte er in Bezug auf seine Abreise die Bulle erlassen „Ubi Papa, ibi Roma".

1801 zwischen Papst Pius VII. und General Buonaparte. — Gefangennehmung und Entführung des Papstes Pius VII. durch den französischen General Radet in der Nacht vom 5. zum 6. Juli 1809. — Bannbulle des Papstes Pius VII. gegen Napoleon Buonaparte am 10. Juli 1809. — Rückkehr des Papstes aus der Gefangenschaft in Fontainebleau am 24. Mai 1814. — Concordat am 16. Juli 1821 zwischen Papst Pius VII. und Ludwig XVIII. — Concordat am 1527 zwischen Papst Leo VII. und Holland. — Vom Papst Gregor XVI. werden die Eisenbahnen als eine Erfindung des Teufels mit dem Interdict belegt am 22. Februar 1832. — Concordat am 27 April 1845 zwischen Papst Gregor XVI. und Spanien. — Concordat am 15. August 1847 zwischen Papst Pius IX. und Kaiser Nikolaus von Russland. — Vertreibung der Jesuiten aus Rom am 23. März 1848. — Mazzini wird zum Dictator von Rom ausgerufen am 23. März 1848. — Flucht des Papstes Pius IX. nach Gaëta am 25. November 1848. — Rückkehr desselben nach Rom am 12. April 1850. — Concordat am 18. August 1855 zwischen Pius IX. und Kaiser Franz Joseph von Oesterreich.

Romagnano (Ortschaft in der Lombardei). Schlacht am 30. April 1524 zwischen den Franzosen unter Bayard und den Spaniern unter dem Connétable de Bourbon.

Roncesvalles (Thal in der spanischen Provinz Navarra). Schlacht am 28. und 29. Juli 1813 zwischen den Engländern und Franzosen unter Soult.

Ronda, früher **Arunda** (Stadt in der spanischen Provinz Malaga). Schlacht im J. 1097 zwischen den Mauren unter Almukazin und den Spaniern unter König Alphons VI. von Leon.

Rosebeck (Ortschaft bei Gent in Flandern). Schlacht am 29. November 1383 zwischen dem Grafen Ludwig III. von Flandern und den Gentern unter Philippe von Artevelde, der hier sein Leben verlor.

Rosette (Stadt in der ägyptischen Provinz Baheire). Schlacht am 19. April 1801 zwischen den Engländern unter Hutchinson und den Franzosen unter Menou.

Rossbach (Dorf bei Querfurt in der preussischen Provinz Sachsen). Schlacht am 5. November 1757 zwischen den Preussen unter Seydlitz und den Franzosen unter Soubise.

Rossbrunn (Ortschaft bei Würzburg in Bayern). Gefecht am 26. Juli 1866 zwischen den Preussen unter Beyer und den Bayern unter dem Prinzen Karl.

Rottebroe (Ortschaft in Schweden). Schlacht im J. 1497 zwischen König Johann von Dänemark und dem schwedischen Reichsverweser Sten Sture.

Rouffach (Stadt im französischen Departement Ober-Rhein). Schlacht im J. 1634 zwischen den Oesterreichern und Lothringern.

Rudau (Dorf im preussischen Regierungsbezirk Königsberg). Schlacht am 6. Februar 1370 zwischen dem deutschen Orden unter Winrich von Kniprode und den Litthauern unter dem Grossfürsten Kingstut*).

Ruetli (Anhöhe am Vierwaldstädter See an der Grenze zwischen Uri und Unterwalden). Schwur der drei Männer: Werner Stauffacher aus Schwyz, Walther Fürst aus Uri und Arnold v. Melchthal aus Unterwalden, Nachts vom 7. auf den 8. November 1307.

Rumersheim (Dorf im französischen Departement Ober-Rhein). Gefecht am 26. August 1709 zwischen den Franzosen unter Dubourg und den Oesterreichern unter Mercy.

Ruschtschuk (Stadt im türkischen Ejalet Nikopolis). Schlacht am 14. October 1811 zwischen den Russen unter Kutusow und den Türken.

Russulnaggur (Ortschaft im indischen Pendschab). Schlacht am 13. Januar 1849 zwischen den Engländern unter Hugh und den indischen Truppen des Shir-Singh.

Rijswik (Dorf in Südholland). Friede am 20. September 1697 zwischen Frankreich, Oesterreich, Spanien, England, Holland**).

S.

Saalburg (Stadt in der reussischen Herrschaft Gera). Gefecht am 8. October 1806 zwischen den Franzosen und Preussen.

Saalfeld (Stadt im Herzogthum Sachsen-Meiningen). Schlacht am 10. October 1806 zwischen den Franzosen unter Suchet und den Preussen unter dem Prin-

---

*) In dieser Schlacht fiel der deutsche Ordensmarschall Henning Schindekopf.
**) Auf der Stelle des Gebäudes, in welchem dieser Friede vollzogen worden war, steht jetzt eine Pyramide.

zen Friedrich Christian Ludwig (Louis Ferdinaud) von Preussen.*)

Sabagal (Ortschaft in Spanien). Schlacht am 3. April 1811 zwischen den Engländern unter Wellington und den Franzosen unter Masséna.

Sable (Ortschaft in der Bretagne). Friede am 21. August 1488 zwischen Frankreich und der Bretagne.

Sacedon (Ortschaft in Spanien). Schlacht am 13. September 1837 zwischen den Christinos unter Espartero und den Carlisten unter Cabrera.

Sadalapore (Ortschaft in Ostindien). Schlacht am 25. December 1848 zwischen den Sikhs und den Engländern unter Hugh Gough.

Sadowa (Ortschaft bei Königgrätz in Böhmen), siehe **Königgraetz**.

Saint-Albans (Stadt in der englischen Grafschaft Hertford). Schlacht am 22. Mai 1455 zwischen der Weissen Rose unter Herzog Richard von York und der Rothen Rose. — Zweite Schlacht am 18. Februar 1461 zwischen der Rothen Rose unter ... und der Weissen Rose unter Warwick.

Saint-Aubin (Stadt im französischen Departement Ille-et-Vilaine). Schlacht am 28. Juli 1488 zwischen den Franzosen unter dem Marschall de la Tremouille und den Bretagnern unter dem Herzog von Orléans, der, in Gefangenschaft gerathen, nach Bourges gebracht wird.

Saint-Germain-en-Laye (Schloss bei Versailles). Friede am 8. August 1570 zwischen den Hugenotten unter Coligny und den Katholiken unter Karl IX., der ihnen La Rochelle, La Charité, Cognac und Montauban einräumen muss. — Vergleich vom 17. October 1635 zwischen Bernhard von Sachsen-Weimar und König Ludwig XIV. — Zweiter Friede am 10. Juli 1679 zwischen Frankreich und Brandenburg.

Saint-Jean-d'Acre (Stadt in Syrien). Seeschlacht am 24. Juni 1258 zwischen den Venezianern und den Genuesern. — Schlacht am 16. Juli 1291 zwischen dem Sultan Kalil-al-Malek von Aegypten und den Tempelrittern.

Saint-Julien (Ortschaft in Frankreich). Treffen am 1. März 1814 zwischen den Franzosen unter Marchand und den Oesterreichern unter Bubna.

Saint-Menehould (Stadt im französischen Departement Eure). Vergleich am 15. Mai 1614 zwischen der Regentin Maria von Medicis und den Föderirten unter dem Prinzen Condé.

Saint-Ninians (Marktflecken in der schottischen Grafschaft Stirling). Schlachten in den Jahren 1297, 1314 und 1488 zwischen den Schotten und Engländern.

Saint-Quentin (Stadt im französischen Departement Aisne). Schlacht am 10. August 1557 zwischen den Spaniern unter König Philipp II. und den Franzosen unter dem Herzog von Guise.

Saint-Sulpice (Ortschaft in der Vendée). Schlacht am 23. Februar 1796 zwischen den Republikanern unter Hoche und den Vendéern unter Charette, der hier gefangen und am 29. März 1796 zu Nantes erschossen ward.

Saint-Vincent (Vorgebirge in der portugiesischen Provinz Algarve). Seeschlacht am 14. Februar 1797 zwischen der englischen Flotte unter Jervis, Earl of Saint-Vincent und den Spaniern unter... — Zweite Seeschlacht am 5. Juli 1833 zwischen der portugiesischen Flotte unter Admiral Napier und dem Geschwader Don Miguel's.

Salado de Argoda (Fluss in Andalusien). Schlacht im J. 1340 zwischen den Castilianern unter König Alphons XI. und den Mauren.

Salamanca (Hauptstadt in der spanischen Provinz gleichen Namens). Schlacht am 22. Juli 1812 zwischen den Engländern und Spaniern unter Wellington und den Franzosen unter Marmont.

Salamis (griechische Insel bei Attika). Seeschlacht am 23. September 480 vor Christi Geburt zwischen den Griechen unter Themistokles und den Persern unter König Xerxes.

Salisbury-Plain (Ortschaft in Nordamerika). Schlacht am 24. Februar 1865 zwischen den Unionisten unter General Sherman und den Conföderirten unter General Johnstone.

Salo (Marktflecken am Garda-See in der Lombardei). Schlacht am 14. April 1796 zwischen den Franzosen und den Venezianern. — Zweite Schlacht am 3. August 1796 zwischen den Franzosen unter Masséna und den Oesterreichern unter Quosdanowich.

Salvore (Ort zwischen Pirano und Perenzo). Seeschlacht am 15. August 1177 zwischen der venezianischen Flotte unter dem Dogen Sebastiano Ziani und der kaiserlichen Flotte unter Herzog Otto von Burgund, dem Sohne Kai-

---

*) Letzterm wurde auf dem Schlachtfelde bei Wöhlsdorf ein Denkmal gesetzt.

Salzburg —— Santos-Lugares.

ser Friedrich's I., welcher hier in Gefangenschaft gerieth*).
Salzburg (Stadt in Oesterreich). Schlacht am 14. December 1800 zwischen den Franzosen unter Moreau und den Oesterreichern unter Erzherzog Johann. — Zusammenkunft am 18. August 1867 zwischen Kaiser Franz Joseph und Napoleon III.
Salzburg (Ortschaft in Siebenbürgen). Schlacht am 4. Februar 1849 zwischen den Oesterreichern unter Puchner und den Ungarn unter Bem.
Samos (Insel im griechischen Archipelagus). Seeschlacht am 4. October 1824 zwischen der griechischen und türkischen Flotte unter Ismail.
San-Daniele (Marktflecken in der venezianischen Provinz Friaul). Schlacht am 11. Mai 1809 zwischen den Franzosen unter Grouchy und den Oesterreichern unter Erzherzog Johann.
San-Domingo (Insel). Seeschlacht am 6. Februar 1806 zwischen den Engländern unter Duckworth und den Franzosen unter Lessaignes.
San-Fello-de-Codines (Ortschaft in Spanien). Schlacht am 27. Januar 1812 zwischen den Franzosen und Spaniern.
San-Germano (Marktflecken in der neapolitanischen Provinz Neapel). Friede am 14 (?) August 1330 zwischen Kaiser Friedrich II. und Papst Gregor IX. — Schlacht im J. 1815 zwischen den Oesterreichern unter Nugent-Laval und den Neapolitanern unter König Murat.
San-Giovanni (Marktflecken im Herzogthum Piacenza). Schlacht im J. 1799 zwischen den Franzosen und Oesterreichern.
San-Ildefonso (Ortschaft in der spanischen Provinz Segovia). Friede am 1. October 1777, in welchem die Grenze zwischen den Spaniern und Portugiesen in Südamerika festgestellt worden ist. — Bündniss am 29. August 1796 zwischen Spanien und Frankreich. — Vertrag vom 1. October 1800 zwischen Spanien und Frankreich, durch den Ersteres an Letzteres Louisiana abtritt.
San-Juan (Bucht bei Cannes in dem französischen Departement Var). Landung Napoleon's bei seiner Rückkehr von Elba am 28. Februar 1814.

---

*) Zur Erinnerung an diesen Sieg feierten die Dogen von Venedig alljährlich am Himmelfahrtstage (15. August) ihre Vermählung mit dem adriatischen Meere.

San-Sebastian (Hauptstadt und Festung der spanischen Provinz Guipuzcoa). Erstürmung derselben durch die Engländer und Portugiesen am 31. August 1813. — Flucht der Königin Isabella von hier nach Pau am 30. September 1868.
San-Yusto (Hieronymiten-Kloster bei Placencia in der spanischen Provinz Estremadura). Eintritt Kaiser Karl's V. in's Kloster am 24. Februar 1557*).
Sanct-Gotthard (Gebirgsort in der Schweiz). Schlacht am 15. August 1799 zwischen den Franzosen unter Masséna und den Oesterreichern unter Simbschen.
Sanct-Gotthard (Marktflecken im ungarischen Comitat Eisenburg). Schlacht am 10. August 1664 zwischen den Oesterreichern unter Montecuculi und den Türken unter Achmed Kiuperli.
Sanct-Helena (Insel im atlantischen Meere). Gefangenschaft des Kaisers Napoleon Buonaparte von dessen Ankunft daselbst am 15. October 1815 bis zu seinem Ableben in Longwood am 5. Mai 1821.
Sanct-Jakob (Dorf bei Basel). Schlacht am 26. August 1441 zwischen den Franzosen unter dem Dauphin Ludwig XI. und den Schweizern.
Sanct-Toenis (Dorf im preussischen Regierungsbezirk Düsseldorf). Schlacht im J. 1758 zwischen den Alliirten unter Herzog Ferdinand von Braunschweig und den Franzosen.
Santa-Lucia (Dorf bei Verona in der Lombardei). Schlacht am 6. Mai 1848 zwischen den Oesterreichern unter Radetzky und den Piemontesen unter König Karl Albert.
Santarem (Stadt in der portugiesischen Provinz Estremadura). Schlacht am 30. Januar und 16. Februar 1834 zwischen dem Heere des Don Pedro unter Napier und Villaflor und den Truppen Don Miguel's, der nach England entflieht.
Santa Rosa de Carchi (Ortschaft in Südamerika). Friede am 29. Mai 1846 zwischen Ecuador und Neu-Grenada.
Santiago de Chile (Stadt in Chile). Schlacht am 8(?) Februar 1811 zwischen den Spaniern und den Chilesen. — Zweite Schlacht am 12. Januar 1818 zwischen den Chilesen und Spaniern (Erstere erreichen dadurch ihre Unabhängigkeit).
Santos-Lugares (Ortschaft in Südame-

---

*) Hier blieb er bis zu seinem Tode (21. September 1558).

rika). Schlacht am 8. Februar 1852 zwischen dem argentinischen General Urquiza und dem General Rosas.

Sapienza (Insel im Mittelmeere). Schlacht am 3. November 1354 zwischen den Genuesern unter Doria und den Venezianern unter Pisani. — Zweite Schlacht am 7. October 1403 zwischen den Venezianern unter Carlo Zeno und den Genuesern.

Saragossa (Stadt in der spanischen Provinz Aragonien). Schlacht am 29. August 1710 zwischen Karl III. und Philipp V. — Zweite Schlacht am 21. Februar 1809 zwischen den Franzosen unter Lannes und den Spaniern unter Palafox.

Sarsana (Stadt im Herzogthum Genua). Friede im J. 1353 zwischen Giovanni de Visconti von Mailand und den Guelphen. — Vertrag vom J. 1493 zwischen König Karl VIII. von Frankreich und Peter von Medicis.

Sasbach (Dorf im badischen Mittelrhein-Kreise). Schlacht am 27. Juli 1675 zwischen den Kaiserlichen unter Montecucculi und den Franzosen unter Turenne, der hier sein Leben verlor.

Satrup (Ortschaft in Schleswig). Schlacht am 5. Juni 1848 zwischen den Preussen unter General Bonin und den Reichstruppen unter General Halkett und den Dänen.

Saumur (Stadt im französischen Departement Maine-et-Loire). Schlacht am 9. Juni 1793 zwischen den Vendéern und Republikanern.

Save oder **Sau** (Fluss in Illyrien). Schlacht am 14 (?) Mai 1445 zwischen den Ungarn und Türken. — Zweite Schlacht im J. 1462 zwischen den Türken und dem Banus von Syrmien.

Savenay (Stadt im französischen Departement Loire-In-férieure). Gefecht am 23. December 1793 zwischen den Republikanern unter Westermann und den Vendéern unter Fleuriot.

Savigliano (Stadt in der sardinischen Provinz Coni). Gefechte am 4. und 15. November 1799 zwischen den Oesterreichern unter Melas und den Franzosen unter Championnet.

Savona (Stadt im Herzogthum Genua). Gefangenschaft des Papstes Pius VII. vom 13. Juni 1809 bis zu dessen Abführung nach Fontainebleau im August 1812.

Schaesburg (Ortschaft in Siebenbürgen). Schlacht im J. 1662 zwischen den Türken und Siebenbürgern unter Kemeny, der hier den Tod fand.

Schagarin (Ortschaft im russischen Gouvernement Milna). Schlacht im J. 1703 zwischen den Schweden unter Loewenhaupt und den Russen unter Scheremetjeff.

Scheveningen (Dorf bei Haag in Süd-Holland). Seeschlacht am 10. August 1653 zwischen den Engländern unter Blake und den Holländern unter Martin Tromp, der dabei sein Leben verlor.

Schlatkow (Dorf im preussischen Regierungsbezirk Stralsund). Waffenstillstand am 18. April 1807 zwischen den Schweden unter General Essen und den Franzosen unter Marschall Mortier.

Schliengen (Marktflecken im baden'schen Oberrheinkreise). Schlacht am 24. October 1796 zwischen den Oesterreichern unter Erzherzog Karl und den Franzosen unter Moreau.

Schoenbrunn (Dorf und Lustschloss bei Wien). Friede am 14. October 1809 zwischen Frankreich und Oesterreich.

Schoonhoven (Stadt in Südholland). Convention vom 18. November 1833 zwischen Belgien und Holland.

Schopfheim (Ortschaft im baden'schen Oberrheinkreise). Gefecht am 27. April 1848 zwischen den Württembergern und den von Georg Herwegh angeführten Freischaaren.

Schorndorf (Stadt in Württemberg). Gefecht im J. 1362 zwischen dem Reichsheere und dem Grafen Eberhard von Württemberg. — Schlacht am 17. Juni 1707 zwischen den Franzosen unter Villars und den Oesterreichern.

Schulpforta (Ortschaft bei Naumburg an der Saale). Gründung der Fürstenschule durch Kurfürst Moritz von Sachsen am 21. Mai 1549.

Schumla (Stadt im türkischen Sandschak Silistria). Schlacht am 6. August 1829 zwischen den Russen unter Krassowsky und den Türken.

Schuschan (Ortschaft im Kaukasus). Schlacht am 22. Februar 1838 zwischen den Tscherkessen unter Schamyl und den Russen.

Schwechat (Ortschaft bei Wien). Schlacht am 30. October 1848 zwischen den Kroaten unter Jellachich und den Ungarn.

Sczekoeln (Dorf im polnischen Gouvernement Sandomir). Schlacht am 8. Juli 1794 zwischen den Polen unter Kosciuszko und den Preussen unter König Friedrich Wilhelm II.

Sewastopol (Festung in der Krim). Seeschlacht am 14. Juli 1788 zwischen der türkischen Flotte und der russischen. — Einnahme der Festung durch die Franzosen und Engländer am 8. September 1855.

Seckenheim (Dorf im baden'schen Unterrheinkreise). Schlacht am 30. Juni 1362 zwischen den Kurfürsten Friedrich I. von der Pfalz und Karl I. von Baden.

Sédan (Stadt im französischen Departement Ardennes). Schlacht am 6. Juli 1741 zwischen Louis de Bourbon, Comte de Soissons, und den königlichen Truppen Ludwig's XIII. (Der Sieger fiel durch Meuchelmord.)

Sedgemore (Dorf bei Bridgewater in der englischen Grafschaft Somerset). Treffen am 6. Juli 1685 zwischen den Engländern unter Albemarle und den Anhängern des Herzogs von Monmouth.

Sediman (Dorf in Ober-Aegypten). Gefecht am 28. August 1798 zwischen den Franzosen unter Desaix und den Mameluken unter Murad-Bey.

Segesvár (Ortschaft in Ungarn). Schlacht im J. 1849 zwischen den Ungarn unter Bem und den Russen unter Lueders.

Sehestaedt (Ortschaft in Dänemark). Schlacht am 10. December 1793 zwischen den Russen und Dänen.

Selkirk (Marktflecken in Süd-Schottland). Schlacht am 13. September 1645 zwischen den Engländern und Schotten unter Montrose.

Seminara (Stadt in der neapolitanischen Provinz Calabria ulteriore). Schlacht am 21. April 1503 zwischen den Spaniern unter Gonsalvo de Cordova und den Franzosen unter d'Aubigny.

Sempach (Ortschaft bei Sursen im Canton Luzern). Schlacht am 9. Juli 1386 zwischen den Schweizern und den Oesterreichern unter Leopold von Oesterreich.

Sene oder **Seneffe** (Marktflecken in der belgischen Provinz Hainaut). Schlacht am 17. August 1674 zwischen den Franzosen unter dem Prinzen von Oranien.

Senio (Fluss im Kirchenstaat). Gefecht am 2. Februar 1797 zwischen den Franzosen unter General Radet und den päpstlichen Truppen.

Senlis (Stadt im französischen Departement Oise). Vergleich oder Friede am 23. Mai 1493 zwischen König Karl VIII. von Frankreich und Kaiser Maximilian I.

Sens (Stadt im französischen Departement Yonne). Waffenstillstand am 17. September 1477 zwischen Maximilian I. (nachmaligem Kaiser) und König Karl VIII. von Frankreich.

Seraw (Ortschaft in Persien). Friede am 26. September 1618 zwischen Persien und der Türkei.

Serena (Ortschaft in Chile). Schlacht am 29. April 1859 zwischen den Regierungstruppen unter General Vidaurri und den Aufständischen unter General Gallo.

Seringapatam (Hauptstadt von Mysore in Ostindien). Erstürmung am 4. Mai 1799, bei welcher Tippo-Saheb das Leben verlor.

Sevilla (Hauptstadt in der spanischen Provinz gleichen Namens). Friedens- und Freundschaftsvertrag vom 9. November 1729 zwischen Spanien, Frankreich und England.

Sèvres (Marktflecken im französischen Departement Seine-et-Oise). Gefecht am 2. Juli 1815 zwischen den Alliirten und Franzosen.

Sewsk (Stadt im russischen Gouvernement Orel). Schlacht im J. 1605 zwischen den Russen unter Boris Godunow und dem Heere des falschen Demetrius.

Sheriff-Moor (Ebene in Schottland). Schlacht im J. 1715 zwischen den Truppen König Georg's unter dem Herzog von Argyle und den Schotten unter dem Grafen Mar.

Sibo (Pass an der ungarisch-siebenbürgischen Grenze). Schlacht am 11. November 1705 zwischen den Kaiserlichen und Siebenbürgern unter Ragoczy.

Sidi-Brahim (Ortschaft in Algerien). Schlacht am 22. September 1845 zwischen den Kabylen unter Abd-el-Kader und den Franzosen unter Obrist Montagnac, der auf dem Schlachtfelde blieb. — Abd-el-Kader ergiebt sich den Franzosen unter Lamoricière am 23. December 1847, wird zwei Tage später in Oran eingeschifft und langt am 29. December in Jonson an. Er wird aufs Fort Lamalgue und von dort nach Pau gebracht.

Sievershausen (Dorf bei Lüneburg in Hannover). Schlacht am 9. Juli 1553 zwischen dem Kurfürsten Moritz von Sachsen und dem Markgrafen Albrecht von Brandenburg.

Sihl (Fluss im schweizer Canton Zürich). Schlacht am 15. August 1799 zwischen den Franzosen unter Masséna und den Oesterreichern unter Jellachich.

Sinope (Stadt im türkischen Ejalet Netolien). Seeschlacht am 30. November 1853 zwischen der russischen Flotte unter Nachimoff und der türkischen

Sinsheim —— Stampford.

unter Osma Pascha, der in russische Gefangenschaft gerieth.

Sinsheim (Hauptstadt im baden'schen Unterrheinkreis). Gefecht am 16. Juni 1674 zwischen den Franzosen unter Turenne und den Kaiserlichen unter dem Herzog von Lothringen.

Sintschula (Grenzort bei der Festung Buxar in Ostindien). Friede am 11. November 1865 zwischen den Engländern und Bengalen.

Sitvatorok (Ortschaft in Ungarn). Zeitfriede am 11. November 1606 auf zwanzig Jahre zwischen der Türkei und Ungarn*).

Skalitz (Stadt im böhmischen Kreise Leitmeritz). Schlacht am 29. Juni 1866 zwischen den Preussen unter Steinmetz und den Oesterreichern unter Erzherzog Leopold.

Sliwno (Ortschaft bei Adrianopel in der Türkei). Schlacht am 12. August 1829 zwischen den Russen unter Diebitsch und den Türken unter dem Seraskier.

Slobosia (Ortschaft in der Walachei). Zweijähriger Waffenstillstand um 24. August 1804 zwischen den Russen und Türken. — Schlacht im J. 1809 zwischen den Russen unter Miloradowitsch und den Türken.

Smolensk (Festung im russischen Gouvernement gleichen Namens). Schlacht am 16. und 17. August 1812 zwischen den Franzosen unter Napoleon und den Russen unter Barclay de Tolly.

Sobraon (Dorf im Pendschab). Schlacht am 10. Februar 1746 zwischen den Engländern unter Lord Hardinge und Hugh Gough und den Sikhs.

Soignies (Stadt in der belgischen Provinz Hainaut). Schlacht am 16. Juli 1724 zwischen den Franzosen und Niederländern.

Soissons (Stadt im französischen Departement Aisne). Schlacht im J. 719 zwischen Karl Martell und Herzog Friedrich von Aquitanien. — Zweite Schlacht im J. 923 zwischen dem Grafen Robert von Paris und Karl dem Einfältigen. — Congress der europäischen Mächte am 14. Juni 1728.

Sokolowo (Dorf bei Wreschen im Grossherzogthum Posen). Treffen am 2. Mai 1848 zwischen den Preussen unter General Hauschild und den polnischen Insurgenten unter Mieroslawski.

Solebay oder **Solbay** (Hafenstadt in Holland). Seeschlacht am 7. Juni 1672 zwischen der holländischen Flotte unter Ruyter und dem französisch-englischen Geschwader unter Estrées und dem Admiral Grafen v. Sandwich.

Solferino (Dorf am Mincio in der Lombardei). Schlacht am 24. Juni 1859 zwischen dem französisch-sardinischen Heere unter Napoleon III. und Victor Emanuel und den Oesterreichern unter Kaiser Franz Joseph und Hess.

Soltauer Halde (in Hannover). Schlacht im J. 1519 zwischen dem Bischof von Hildesheim, Johann von Sachsen-Lauenburg, und Herzog Heinrich I. von Braunschweig.

Somerset (Stadt im nordamerikanischen Staate Kentucky). Schlacht am 18. Januar 1862 zwischen den Unionisten unter General Schoepf und den Conföderirten unter General Zollikofer, der auf dem Schlachtfelde blieb.

Soriano (Stadt in Kirchenstaat). Schlacht im J. 1496 zwischen dem römisch-französischen Heere und den Truppen des Cesare Borgia.

Sorillo (Ortschaft in Spanien). Schlacht im J. 1184 zwischen den Mauren und König Alphons VIII. von Castilien.

Sos (Schloss in der spanischen Provinz Saragossa). Gefecht am 13. Mai 1813 zwischen den Franzosen unter Clausel und den Spaniern.

Speyer (Stadt in der bayer'schen Rheinpfalz). Friede im J. 1544 zwischen Kaiser Karl V. und König Christian II. von Dänemark. — Gründung des Doms durch König Konrad II. am 12. Juli 1030.

Speyerbach (Flüsschen in der bayer'schen Rheinpfalz). Schlacht am 15. November 1703 zwischen den Franzosen unter Tallard und den Alliirten unter dem Erbprinzen von Hessen.

Spessia (Stadt in Griechenland). Schlacht am 20. September 1822 zwischen den Griechen unter Miaulis und den Türken unter Abdallah Pascha.

Sporenschlacht, siehe **Guinegate**.

Staengebro (Flecken im schwedischen Län Calmar). Schlacht im J. 1598 zwischen Herzog Karl von Södermanland und König Sigismund von Schweden.

Staffarda (Abtei in der piemontesischen Provinz Saluzzo). Schlacht am 18. August 1690 zwischen den Franzosen unter Marschall Catinat und den Piemontesen unter Herzog Victor Amadeus.

Stampford (Marktflecken in der englischen

---

*) Dies war der erste Vertrag, den die Pforte mit den Christen abgeschlossen hatte.

Grafschaft Lincoln. Schlacht im J. 449 zwischen den **Angelsachsen** unter **Hengist** und den Picten und Scoten.

Starodub (Stadt im russischen Gouvernement Tschernigoff). Schlacht im J. 1534 zwischen den **Polen** unter **Sigismund I.** und den Russen.

Stawudschane (Ortschaft in der Türkei). Schlacht im J. 1739 zwischen den **Russen** unter **Muennich** und den Türken.

Steenkerke (Marktflecken in der belgischen Provinz Hainaut). Schlacht am 6. Juni 1692 zwischen den **Franzosen** unter dem Herzog Louis Joseph v. **Vendôme** und den Engländern unter König Wilhelm III.

Stegeborg (Ortschaft im schwedischen Län Linköping). Schlacht im J. 1598 zwischen König **Sigismund** von Schweden und Herzog Karl von Södermanland.

Stenay (Stadt im französischen Departement Meuse). Schlacht am 1. September 1792 zwischen den **Oesterreichern** unter **Clerfayt** und den Franzosen.

Sternberg (Stadt in Mähren). Friede am 26 (?) April 1468 zwischen Georg Podiebrad von Böhmen und König Matthias von Ungarn.

Stetten (Dorf im bayer'schen Kreise Schwaben). Gefecht am 24. April 1809 zwischen den **Bayern** unter **Wrede** und den Oesterreichern.

Stettin (Hauptstadt der preussischen Provinz Pommern). Friede am 13. December 1570 zwischen Schweden und Dänemark.

Steyer (Stadt in Ober-Oesterreich). Waffenstillstand am 24. December 1800 zwischen den Oesterreichern unter Erzherzog Karl und den Franzosen unter Moreau.

Stickhausen (Marktflecken in Ostfriesland). Schlacht im J. 1516 zwischen den **Bremern** unter dem Grafen **Johann XIV.** von Oldenburg und den Ostfriesen unter dem Grafen Edzard*).

Sticklestad (Ortschaft bei Drontheim in Norwegen). Schlacht am 29. Juni 1036 zwischen den **Dänen** unter **Canut dem Grossen** und den Norwegen unter Olaf dem Dicken, der hier seinen Tod fand.

Stilfser Joch (Rücken der rhätischen Alpen). Treffen am 28. Juni 1848 zwischen den Oesterreichern und den Mailänder Freischaaren.

Stirling-Bridge (Ortschaft in Schottland). Schlacht am 11. September 1297 zwischen den **Schotten** unter **Wallace** und den Engländern unter dem Herzog von Surrey. — Zweite Schlacht am 11. Juni 1488 zwischen Jakob III. und seinem empörten Sohne Jakob (Ersterer wurde geschlagen).

Stockach (Stadt im baden'schen See-Kreise). Schlacht am 25. März 1799 zwischen den **Oesterreichern** unter Erzherzog **Karl** und den Franzosen unter Jourdan.

Stockholm (Hauptstadt des Königreichs Schweden). Bluthochzeit am 13. November 1520*). — Friede am 9. November 1719 zwischen Schweden und Hannover. — Friede am 21. Januar 1720 zwischen Schweden und Preussen. — Friede am 3. Juli 1720 zwischen Schweden und Dänemark. — Ermordung König Gustav's III. am 29. März 1792. — Verschwörung gegen König Gustav IV. Adolph am 13. März 1809. — Neues Staatsgrundgesetz vom 2. Mai 1848.

Stoczek (Ortschaft in Polen). Gefecht am 14. Februar 1831 zwischen den Polen unter Dwernicki und den Russen unter Geismar (Erfolg unentschieden).

Stoke (Ortschaft in England). Schlacht am 6. Juni 1487 zwischen König **Eduard IV.** und dem Grafen Eduard von Warwick, der in die Gefängenschaft gerieth. — Zweite Schlacht am 16. Juni 1498 zwischen den Engländern und Irländern.

Stolbowa (Ortschaft im russischen Gouvernement Nowgorod). Friede am 27. Februar 1617 zwischen Russland und Schweden.

Stolzenburg (Ort bei Hermannstadt in Siebenbürgen). Schlacht am 25. Januar 1849 zwischen den ungarischen Insurgenten unter **Bem** und den Oesterreichern unter Puchner.

Strasburg (Hauptstadt des französischen Departements Haut-Rhin). Attentat des Prinzen **Louis Napoleon** am 29. October 1836.

Striegau (Stadt in Schlesien). Schlacht am 4. Juni 1745 zwischen den **Preussen** unter König **Friedrich II.** und den Oesterreichern und Sachsen unter dem Herzoge von Sachsen-Weissenfels.

Stuhm (Stadt im preussischen Regierungsbezirk Marienwerder). Schlacht am 25. Juni 1629 zwischen den Schwe-

---

*) Wird auch Schlacht bei **Detern** genannt.

*) Christian II. liess ohne Urtheil und Recht 94 vornehme Schweden hinrichten.

den unter Gustav II. Adolph und den Polen, worauf hier ein sechsjähriger Waffenstillstand zum Abschluss kam.

Stumsdorf (Dorf im preussischen Regierungsbezirk Merseburg). 26jähriger Waffenstillstand im J. 1635 zwischen Schweden und Polen.

Stuttgart (Hauptstadt des Königreichs Württemberg). Sprengung des von Frankfurt am Main nach Stuttgart übergesiedelten Rumpf-Parlaments durch das Ministerium Roemer am 18. Juni 1849.

Swenskesund (Felsenschlucht im finischen Meerbusen). Seeschlacht am 9. und 10. Juli 1790 zwischen der schwedischen Flotte unter König Gustav III. und der russischen unter dem Grafen von Nassau.

Szala Egerszegh (Ortschaft in Kroatien). Schlacht am 18. September 1848 zwischen den Ungarn und Kroaten.

Szamosfalva (Ortschaft in Siebenbürgen). Treffen am 16. November 1848 zwischen den Oesterreichern unter Urban und den ungarischen Insurgenten.

Szalankemen (Dorf an der slavonischen Militairgrenze). Schlacht am 19. August 1691 zwischen den Kaiserlichen unter dem Markgrafen Ludwig von Baden und den Türken unter dem Grosswesir Kiuprili Mustapha.

Szass-Regen (Ortschaft im Szeklerlande). Schlacht am 23. Juli 1849 zwischen den Russen unter General Grotenhelm und den Szeklern und Ungarn.

Szathmar (Stadt im ungarischen Comitate gleichen Namens). Vertrag vom 1. Mai 1711 zwischen Oesterreich und Ungarn.

Szcekociny (Stadt an der Pilica in Polen). Schlacht am 24. Juni 1794 zwischen den Polen und Preussen.

Szegedin (Stadt im ungarischen Comitate Csongrad). Friede am 12 (?) Juli 1444 zwischen den Türken und Ungarn. — Uebersiedelung der magyarischen Regierung von Pesth nach Szegedin am 2 Juli 1849.

Szelöndek, siehe Stolzenburg.

Szenta (Ortschaft im Bacser Comitat in Ungarn). Schlacht am 11. September 1697 zwischen den Oesterreichern unter Prinz Eugen von Savoyen und den Türken.

Szisseck (Marktflecken bei Karlstadt in Ungarn). Schlacht am 22. Juni 1593 zwischen den Ungarn und Türken.

Szistowa (Stadt der türkischen Provinz Bulgarien). Friede am 4. August 1791 zwischen Oesterreich und der Türkei.

Szoeny (Ortschaft in Ungarn). Friede am 13. September 1626 zwischen der Türkei und Ungarn.

Szolnok (Ortschaft im ungarischen Comitat Heves). Schlacht am 24. Januar 1849 zwischen den Ungarn unter Perczel und den Oesterreichern unter General Ottinger. — Zweite Schlacht am 5. März 1849 zwischen den Ungarn unter Damianich und den Oesterreichern unter Grammont.

Szuwasch (Ortschaft in der Krim). Schlacht am 8. Juli 1771 zwischen den Russen unter Prosorowsky und den Tataren.

T.

Taetwyl (Dorf bei Baden im schweizer Canton Aargau). Schlacht im J. 1351 zwischen den Züricher und Rüdiger Manesse und den Oesterreichern.

Tafna (Fluss in Algerien). Gefecht am 28. Mai 1836 zwischen den Kabylen und Franzosen (Erfolg zweifelhaft). — Friede am 30. Mai 1837 zwischen den Franzosen und Abd-el-Kader.

Tagliacozzo (Stadt in der neapolitanischen Provinz Abruzzen). Schlacht am 23. August 1267 zwischen Karl von Anjou und Konradin von Schwaben, der in Gefangenschaft des Erstern gerieth.

Talavera de la Reyna (Stadt in der spanischen Provinz Toledo). Schlacht am 27. und 28. Juli 1809 zwischen den Franzosen unter Soult (?) und dem spanisch-englischen Heere unter Wellington.

Tanger (Stadt in Marocco). Friedensschluss am 10. September 1844 zwischen Frankreich und Marocco.

Tannenberg (Dorf im preussischen Regierungsbezirk Königsberg). Schlacht am 15. Juli 1410 zwischen dem litthauisch-polnischen Heere unter König Wladislaus IV. und dem deutschen Orden unter dem Hochmeister Konrad v. Jungingen, der hier sein Leben verlor.

Tarczal (Ortschaft in Ungarn). Gefecht am 22. Januar 1849 zwischen den Oesterreichern und Ungarn (Erfolg unentschieden).

Targowitza (Stadt im polnischen Gouvernement Kiew). Conföderation des polnischen Adels vom 14. Mai 1792.

Tartaricza (Dorf bei Silistria in der türkischen Provinz Bulgarien). Gefecht am 3. November 1809 zwischen den Russen unter Bagration und den Türken unter dem Grosswesir.

Tarutino (Dorf im russischen Gouvernement Kaluga). **Schlacht am 18. October** 1812 zwischen den Russen unter Benningsen und den Franzosen unter Murat.

Tarvis (Marktflecken bei Villach in Illyrien). **Schlacht am 16. und 17. Mai 1809** zwischen den Oesterreichern unter Gyulai und den Franzosen unter Durutte.

Tauris (Hauptstadt in der persischen Provinz Aderbeidschan). **Schlacht am 6. August 1605** zwischen den Persern und Türken. — **Friede am 3. November 1827** zwischen Russland und Persien.

Tauss (Stadt im böhmischen Kreise Klattau). **Schlacht im J. 1040** zwischen den Böhmen und Kaiser Heinrich III. — **Schlacht am 14. August 1431** zwischen den Hussiten unter Prokop und dem deutschen Reichsheere.

Teining (Marktflecken im bayer'schen Kreise Mittelfranken). **Gefecht am 22. August 1796** zwischen den Oesterreichern unter Erzherzog Karl und den Franzosen unter Bernadotte.

Temeswar (Hauptstadt des ungarischen Comitats Temes). **Schlacht am 3. October 1636** zwischen den Siebenbürgern unter Ragocy und den Türken. — **Zweite Schlacht am 9. August 1849** zwischen den Oesterreichern unter Haynau und den Ungarn unter Dembinski und Bem.

Tenedos (Stadt in Griechenland). **Seeschlacht am 7. April 1807** zwischen der russischen Flotte unter Seniawine und der türkischen. — **Zweite Seeschlacht am 11. November 1822** zwischen den Griechen unter Miaulis und Kanaris und der türkischen Flotte unter Kara Mehemet.

Teplitz (Stadt im böhmischen Kreise Leitmeritz). **Allianz-Vertrag** der drei verbündeten Monarchen von Oesterreich, Russland und Preussen gegen Napoleon vom 9. September 1813.

Terracina (Stadt im Kirchenstaat). **Concordat vom 16. Februar 1818** zwischen Papst Pius VII. und dem Königreich Neapel.

Teschen (Stadt in Oesterreich-Schlesien). **Friede am 13. Mai 1779**, wodurch der bayer'sche Erbfolgekrieg beendigt und das Haus Zweibrücken als Erbe Bayerns eingesetzt ward.

Tetschen (Stadt im böhmischen Kreise Leitmeritz). **Zusammenkunft am 12. Juni 1854** des Kaisers Franz Joseph mit König Friedrich Wilhelm IV. von Preussen.

Testry (Stadt im französischen Departement Aisne). **Schlacht im J. 687** zwischen Bertharis, Majordomus Theodorich's III., und Herzog Pipin von Austrasien.

Tetuan (Stadt in Marocco). **Schlacht am 4. Februar 1860** zwischen den Spaniern unter O'Donnell und den Maroccanern. — **Friede am 25. April 1860** zwischen Spanien und Marocco.

Teutoburger Wald (im jetzigen Fürstenthum Lippe-Detmold). **Schlacht am 9. 10. und 11. September im J. 9 vor Christi Geburt** zwischen den Germanen unter Hermann oder Arminius und den Römern unter Varus.

Tewsbury (Marktflecken in der englischen Grafschaft Gloucester). **Schlacht am 4. Mai 1471** zwischen König Eduard IV. und der Lancaster-Partei unter dem Herzog von Somerset.

Thann (Stadt im französischen Departement Haut-Rhin). **Schlacht am 15. October 1638** zwischen Herzog Bernhard von Sachsen-Weimar und dem Herzog Leopold von Lothringen.

Thapsov (Stadt in Byzacium). **Schlacht im J. 46 vor Christi Geburt** zwischen Julius Caesar und den Anhängern des Pompejus.

Thermopylae (Engpass in Lokris). **Schlacht im J. 480 vor Christus** zwischen den Persern unter König Xerxes und den Spartanern unter König Leonidas, der hier den Tod des Helden starb. — **Zweite Schlacht im J. 323 vor Christus** zwischen den verbündeten Griechen und Antipater.

Thonon (Stadt im sardinischen Herzogthum Savoyen). **Vertrag vom J. 1434** zwischen Kaiser Sigismund und dem Markgrafen Johann Jakob von Montferrat.

Thorn (Stadt im preussischen Regierungsbezirk Marienwerder). **Friede am 19. October 1466** zwischen Polen und dem deutschen Orden, der dadurch seine Selbständigkeit verlor. — **Dreijähriger Waffenstillstand am 5. April 1521** zwischen dem deutschen Orden und Polen.

Tiberias (Stadt in Galiläa). **Schlacht am 3. Juni 1187** zwischen den Türken unter Saladin und König Raimund II. von Jerusalem.

Tientsin (Ortschaft in China). **Friede am 26. Juni 1859** zwischen Frankreich und England mit China.

Tiflis (Hauptstadt in der russischen Provinz Grusien). **Schlacht am 11. September 1795** zwischen den Persern und Türken. — **Friede am 26. September 1813** zwischen Russland und Persien.

Tigranocerta (Stadt in Gross-Armenien). **Schlacht am 6. October 69 vor Christi Geburt** zwischen den Römern unter Lucullus und den Griechen.

Tilsit (Stadt im preussischen Regierungsbezirk Gumbinnen). Friede am 7. Juli 1807 zwischen Russland und Frankreich. — Friede am 9. Juli 1807 zwischen Frankreich und Preussen.

Tirlemont (Stadt in der belgischen Provinz Süd-Brabant). Schlacht am 16. März 1793 zwischen den Franzosen unter Dumouriez und den Oesterreichern.

Tiweden (Ortschaft in Schweden). Schlacht am 9. Februar 1520 zwischen den Dänen unter König Christian II. und den Schweden unter dem Reichsverweser Sten Sture, der hier seinen Tod fand.

Tixtla (Ortschaft in Mexiko). Schlacht am 10. August 1811 zwischen den Mexikanern unter Morelos und den Spaniern unter Fuentes.

Tlemsan (Provinz in Algerien). Treffen am 29. April 1842 zwischen den Franzosen unter Bedeau und den Kabylen unter Abd-el-Kader.

Tobacs (Ortschaft in Bessarabien). Schlacht am 14 (?) Mai 1789 zwischen den Russen unter Potemkin und den Türken unter dem Grosswesir.

Tobitschau (Stadt im mährischen Kreise Olmütz). Gefecht am 15. Juli 1866 zwischen den Preussen unter Bonin und den Oesterreichern unter Rothkirch.

Todtenhausen*) (Dorf im preussischen Regierungsbezirk Minden). Schlacht am 1. August 1759 zwischen dem Herzog Ferdinand von Braunschweig und den Franzosen unter Broglio.

Tokay (Marktflecken im ungarischen Comitat Zemplin). Schlacht am 25. Januar 1849 zwischen den Ungarn unter Klapka und den Oesterreichern unter Schlick.

Tolentino (Stadt im Kirchenstaat). Friede am 19. Februar 1797 zwischen Papst Pius VI. und der französischen Republik. — Gefecht am 2. und 3. Mai 1815 zwischen den Oesterreichern unter Bianchi und den Neapolitanern unter König Joachim Murat, der für die Flucht ergreifen muss.

Tolosa (Stadt in der belgischen Provinz Guipuzcoa). Schlacht am 16. Juni 1212 zwischen König Alphons VIII von Castilien und den Mauren unter König Muhammed.

Tomavacas (Ortschaft in der spanischen Provinz Salamanca). Gefecht am 18. October 1809 zwischen den Spaniern unter dem Herzoge del Parque und den Franzosen unter General Marchand.

---

*) Auch Schlacht bei Minden genannt.

Torgau (Stadt im preussichen Regierungsbezirk Merseburg). Schlacht am 3. November 1760 zwischen den Preussen unter Ziethen und den Oesterreichern unter Daun und Lascy. — Capitulation der Sachsen am 26. December 1813 und Uebergabe der Stadt an die Preussen am 10. Januar 1814.

Torten (Dorf im französischen Bezirk Bourbon Vendée). Schlacht am 18. September 1793 zwischen den Vendéern unter Charette und den Republikanern unter Kleber.

Toulon (Stadt im französischen Departement Var). Seeschlacht am 22. Februar 1744 zwischen der englischen Flotte unter Admiral Matthews und der spanisch-französischen.

Toulouse (Hauptstadt im französischen Departement Haute-Garonne). Ermordung von 4000 Protestanten am 16. Mai 1562. — Schlacht am 10. April 1814 zwischen dem englisch-spanischen Heere unter Beresford und Freire und den Franzosen unter Soult.

Tourcoing (Stadt im französischen Departement Nord). Schlacht am 17. und 18. Mai 1794 zwischen den Franzosen unter Pichegru und dem oesterreichisch-englischen Heere unter Clerfayt und Herzog Josias von Sachsen-Koburg-Saalfeld.

Tourkmanschai siehe **Turkmanschai**.

Tournay (Stadt in der belgischen Provinz Hainaut). Schlacht am 22. Mai 1794 zwischen den Franzosen unter Pichegru und den Alliirten unter dem Prinzen Josias von Sachsen-Koburg-Saalfeld. (Sieg unentschieden.)

Tours (Stadt im französischen Departement Indre-et-Loire). Schlacht am 22. Juli 732 zwischen den Franken unter Karl Martel und den Saracenen unter Abderrahman.

Towton (Dorf in der englischen Grafschaft York). Schlacht am 31. März 1461 zwischen König Eduard IV. und der Königin Margarethe, die nach Schottland und später nach Frankreich floh.

Trachenberg (Stadt im Herzogthum Niederschlesien). Conferenz am 12. Juli 1813 der Alliirten gegen Frankreich.

Tradate (Ortschaft in Italien). Gefecht am 26. August 1848 zwischen den Oesterreichern und den italienischen Freischaaren unter Garibaldi, der sich auf schweizer Gebiet zurückziehen muss.

Trafalgar (Vorgebirge in der spanischen Provinz Sevilla). Seeschlacht am 22. October 1805 zwischen der englischen Flotte unter Nelson, der hier seinen

Tod fand, und der französischen unter Villeneuve und Gravina.

Trapani (Stadt in Sicilien). Schlacht im J. 1264 zwischen den Venezianern und Genuesern.

Trautenau (Stadt im böhmischen Kreise Königgrätz). Gefecht am 30. September 1745 zwischen den Preussen und Oesterreichern. — Zweites Gefecht am 27. und 28. Juni 1866 zwischen den Oesterreichern unter Gablenz und den Preussen unter Bonin *)

Travendal (Lustschloss im Herzogthum Holstein). Friede am 18. August 1700 zwischen den Schweden unter König Karl XII. und den Dänen unter König Friedrich IV.

Trebbia (Fluss, der bei Piacenza in den Po fällt). Schlacht am 16. und 29. Juni 1799 zwischen den Russen und Oesterreichern unter Suwarow und den Franzosen unter Macdonald.

Tre ponti (Ortschaft in Tyrol (?) Gefecht am 14. August 1866 zwischen dem österreichischen Alpenjäger-Corps unter dem Grafen Arthur von Mensdorff-Pouilly und den italienischen Freischaaren unter Garibaldi.

Treviso (Stadt im lombardisch-venezianischen Königreich). Waffenstillstand am 16. Januar 1801 zwischen Oesterreich und Frankreich.

Trianon (Lustschloss bei Versailles). Decret vom 3. August 1810, wodurch Napoleon gegen England die Continentalsperre verfügt.

Trient (Stadt in Tyrol). Friede am 13. October 1501 zwischen Kaiser Maximilian und König Ludwig XII. von Frankreich. — Concil eröffnet am 13. December 1545. Nach Bologna verlegt im J. 1547. Vertagt von 1553 bis 1555. Geschlossen zu Trient am 4. December 1564.

Trier (Hauptstadt des gleichnamigen Regierungsbezirks). Ausstellung des ungenähten Rocks Jesu durch den Bischof Arnoldi vom 18. August bis 6. October 1844.**)

Trincoenomale (Festung auf der Insel Ceylon). Seeschlacht am 3. December 1782 zwischen den Franzosen unter Admiral Suffren und den Engländern.

Trippstadt (Stadt in Rheinbayern). Gefecht am 13. Juli 1794 zwischen den Franzosen unter Taponier und den Preussen unter Hohenlohe.

Troja (Stadt im Königreich Neapel). Schlacht am 14. August 1462 zwischen Ferdinand I. und Johann von Anjou, der nach Frankreich floh.

Troppau (Stadt in Oesterreichisch-Schlesien). Congress vom 20. October bis 20. November 1820.

Troyes (Stadt im französischen Departement Aube). Friede am 21. Mai 1420 zwischen Frankreich und England. (König Heinrich V. von England erhält die Hand der Prinzessin Katharina, Tochter König Karl's VI., die Zusicherung auf die Thronfolge nach dem Tode des Schwiegervaters und bis dahin die Regentschaft in Frankreich.) — Schlacht am 4. März 1814 zwischen den Alliirten unter Bluecher und den Franzosen unter Napoleon.

Trusina (Ortschaft in Ingermanland). Friede im J. 1595 zwischen Schweden und Russland, in Folge dessen Esthland und Narwa in Besitze Schwedens blieb, Kexholm aber an Russland zurückfiel.

Tschernaja (Fluss in der Krim). Schlacht am 16. August 1855 zwischen den Franzosen und Russen.

Tschesme (Hafenstadt an der Westküste Klein-Asiens). Seeschlacht am 5. Juli 1770 zwischen den Russen unter Alexis Orloff und den Türken, deren ganze Flotte hier in Flammen aufging.

Tschildir (Ortschaft in der russischen Provinz Grusien). Schlacht am 9. August 1578 zwischen den Türken und Persern unter Shah Tokmakkhan.

Tschillianwalah (Ortschaft in Ostindien). Schlacht am 13. Januar 1849 zwischen den Sikhs und den Engländern unter Hugh Gough.

Tucma (Ortschaft in Peru). Treffen am 21. Januar 1823 zwischen der Patrioten-Armee unter Alvarado und den königlichen Truppen unter Valdes.

Tucuman (Stadt in der Republik La Plata). Treffen am 4. November 1831 zwischen Quiroga, General der Republik Buenos-Ayres, und den Insurgenten.

Tudela (Hauptstadt der spanischen Provinz Navarra). Schlacht am 28. November 1808 zwischen den Spaniern unter Castaños und Palafox und den Franzosen unter Lannes.

Tuerkheim (Stadt im französischen Departement Haut-Rhin). Schlacht am 5. Januar 1675 zwischen den Franzosen unter Turenne und den Kaiserlichen unter dem Kurfürsten von der Pfalz.

---

*) Dies ist die einzige Schlacht, die im J. 1866 den oesterreichischen Waffen günstig gewesen war.

**) Dieser kirchliche Humbug hatte während dieser kurzen Zeit gegen eine halbe Million leichtgläubiger Gläubiger nach Trier gelockt.

Tuldscha (Stadt und Festung in der Walachei). Schlacht am 9. Juni 1751 zwischen den Russen unter Repnin und den Türken.

Turin (Hauptstadt von Piemont). Friede am 8. August 1381 zwischen Venedig und Padua. — Separatfriede am 29. August 1696 zwischen Frankreich und Savoyen. — Schlacht am 7. September 1706 zwischen den Kaiserlichen unter Prinz Eugen von Savoyen und den Franzosen unter La Feuillade. — Gleichstellung der Juden mit den Christen in Sardinien, eingeführt durch königliches Decret vom 31. März 1848. — Vertrag vom 24. März 1860 zwischen Frankreich und Sardinien, durch den Letzteres Savoyen und Nizza an Frankreich abtreten muss.

Turkmanschai (Ortschaft in Armenien). Friede am 22. Februar 1828 zwischen Russland und Persien. (Letzteres verliert Armenien.)

Turnau (Stadt im böhmischen Kreise Bunzlau). Gefecht am 26. Juni 1866 zwischen den Preussen unter Horn und den Oesterreichern.

Turnhout (Stadt in der belgischen Provinz Antwerpen). Schlacht am 22. Januar 1597 zwischen den Niederländern unter dem Prinzen Moritz von Oranien und den Spaniern unter dem Grafen von Varax, der hier seinen Tod fand. — Zweite Schlacht am 27. October 1789 zwischen den belgischen Patrioten und den Oesterreichern.

Tuttlingen, siehe **Moehringen**.

Tykocsin (Stadt im polnischen Gouvernement Augustowo). Gefecht am 21. Mai 1831 zwischen den Russen und Polen.

Tyrnau (Stadt im ungarischen Comitat Presburg). Schlacht am 26. December 1704 zwischen den Oesterreichern unter Heister und den Siebenbürgern unter Ragoczy. — Zweite Schlacht am 16. December 1848 zwischen den Oesterreichern unter Simunich und den Ungarn.

Tyros (Stadt in Phönizien). Seeschlacht am 25. Juni 1258 zwischen den Venezianern unter Andrea Zeno und Lorenzo Tiepolo und den Genuesern.

U.

Ubstadt (Dorf im badischen Mittelrheinkreise). Gefecht am 23. Juni 1849 zwischen den preussischen Truppen und den badischen Insurgenten.

Ucles (Stadt in der spanischen Provinz Toledo). Schlacht im J. 1108 zwischen dem Könige von Fez, Jussuf-Ebn-Tafniz, und dem Könige Alphons VI. von Castilien. — Gefecht am 13. Januar 1809 zwischen den Franzosen unter Marschall Victor und den Spaniern unter dem Herzog von Infantado.

Uddewalla (Stadt in Schweden). Schlacht am 28. Juli 1677 zwischen den Dänen unter Loewenhjelm und den Schweden unter dem Grafen Magnus de La Gardie.

Ukerath (Dorf am Rhein). Schlacht am 15. und 19. Juni 1796 zwischen den Oesterreichern unter Erzherzog Karl und den Franzosen unter Jourdan.

Udismalm (Dorf in Finland). Schlacht am 9. Juli 1790 zwischen den Schweden unter König Gustav III. und den Russen.

Ulm (Stadt im württembergischen Donaukreise). Vergleich am 3. Juli 1620 zwischen der Katholischen Liga und der protestantischen Union. — Waffenstillstand am 16. März 1647 zwischen Frankreich, Schweden und Bayern. — Schlacht am 26. September 1796 zwischen den Oesterreichern unter Erzherzog Karl und den Franzosen unter Moreau.

Ulrichshamn siehe **Bogesund**.

Unao oder **Onao** (Ortschaft in Ostindien). Schlacht am 29. und 30. Juli 1857 zwischen den Engländern unter Havelock und den Rebellen unter Nena Sahib.

Utrecht (Hauptstadt in der gleichnamigen Provinz Holland). Union vom 23. Januar 1579, wodurch sich Geldern, Zütphen, Holland, Zeeland, Utrecht und Friesland gegen Spanien verbunden. — Friede am 11. April 1713 zwischen Frankreich, England, Portugal, Holland und Preussen.

V.

Vadimo (See in Etrurien). Schlacht im J. 309 vor Christi Geburt zwischen den Römern unter dem Consul Quintus Fabius und den Etruskern.

Valeggio (Marktflecken bei Verona in der Lombardei). Schlacht am 29. Mai 1796 zwischen den Franzosen unter Buonaparte und den Oesterreichern unter Beaulieu.

Valençay (Stadt im französischen Departement Indre). Vertrag vom 11. December 1813 zwischen Kaiser Napoleon und König Ferdinand VII von Spanien, der dadurch aus der französischen Gefangenschaft entlassen ward.

Valence (Stadt im französischen Departement Drôme). Gefangenschaft des Papstes Pius VI. vom 14. Juli 1799 bis zu seinem am 29. August desselben Jahres daselbst erfolgten Tode.

Valladolid (Stadt in der mexikanischen Provinz Mechoacan). Schlacht am 23. December 1813 zwischen den Spaniern unter Iturbide und den Mexikanern unter Morelos.

Valls (Ortschaft bei Taragona in Spanien). Schlacht am 25. Februar 1809 zwischen den Spaniern unter Reding und den Franzosen unter Soult.

Valmenie (Dorf am kleinen Bernhard im Herzogthum Savoyen). Gefecht am 14. October 1793 zwischen den Franzosen unter Kellermann und dem oesterreichisch-sardinischen Heere unter Devins.

Valmy (Dorf im französischen Departement Marne). Schlacht am 20. September 1692 zwischen den Franzosen unter Kellermann und den Preussen unter König Friedrich Wilhelm II.

Valutina Gore (Dorf im russischen Kreise Smolensk). Gefecht am 19. August 1812 zwischen den Franzosen und Russen.

Varennes (Stadt im französischen Departement Meuse). Gefangennehmung König Ludwig's XVI. am 21. Juni 1791 durch die Republikaner.

Varna (Stadt im türkischen Ejalet Rumili). Schlacht am 10. November 1444 zwischen den Türken unter Sultan Amurat I. und den Ungarn unter Hunyadi. — Zweite Schlacht am 30. September 1828 zwischen den Russen unter General Bistram und den Türken unter Omer Vrione. — Dritte Schlacht am 11. October 1828 zwischen den Russen unter Wittgenstein und den Türken.

Vassy (Stadt im französischen Departement Haute-Marne). Schlacht am 1. März 1562 zwischen den Katholiken und Hugenotten.

Vauxelles (Ortschaft in Lothringen). Waffenstillstand am 5. Februar 1556 zwischen Kaiser Karl V. und König Franz I. von Frankreich.

Velencze (Ortschaft in Kroatien). Schlacht am 29. September 1848 zwischen den Ungarn unter Móga und den Kroaten unter Jellachich.

Velletri (Stadt im Kirchenstaat). Schlacht am 5. Mai 1482 zwischen den Venezianern und dem Herzoge von Ferrara. — Gefecht am 19. Mai 1849 zwischen den Freischaaren unter Garibaldi und den Neapolitanern.

Venadito (Ortschaft in Mexiko). Schlacht am 27. October 1817 zwischen den Spaniern und den Mexikanern unter Xaverio Mina.

Venedig (Stadt am adriatischen Meere). Friede am 23. Juli 1177 zwischen Kaiser Friedrich I. Barbarossa und Papst Alexander III. — Einführung des Rathes der Zehn am 13. Juni 1310. — Verschwörung des Dogen Marino Faliero am 15. April 1355. — Waffenstillstand am 6. Juni 1508 zwischen Kaiser Maximilian I. und der Republik Venedig. — Einzug der Franzosen am 16. Mai 1797. — Volksaufstand am 22. März 1848. Einsetzung einer provisorischen Regierung, bestehend aus den Präsidenten Daniele Manin, Nicolo Tommaseo und dem Handwerker Angelo Toffoli.

Veracrus (Stadt in Mexiko). Vertrag vom 9. März 1839 zwischen Frankreich unter Baudin und Mexiko unter General Vittoria, laut welchem Mexiko an Frankreich 600,000 Dollars Entschädigung zu zahlen hat. — Ankunft des mexikanischen Generals Almonte am 14. März 1862, um bei der klerikalen Partei in Mexiko die Einführung einer Monarchie unter Erzherzog Maximilian durchzusetzen. — Almonte wird am 15. Juni 1862 zum Präsidenten der mexikanischen Republik ernannt. — Ankunft des französischen Befehlshabers Forey am 22. September 1862, der im Namen Frankreichs Almonte nicht anerkennt. — Hinrichtung Kaiser Maximilian's am 19. Juni 1867.

Verdun (Stadt im französischen Departement Meuse). Vertrag vom 11. August 843 zwischen Kaiser Lothar und seinen Brüdern, Ludwig dem Deutschen und Karl dem Kahlen, laut welchem das Reich in drei Theile getheilt ward und Deutschland seine Selbstständigkeit erhielt.

Vergara (Villa in der spanischen Provinz Guipuzcoa). Vertrag vom 31. August 1839 zwischen Espartero und Maroto, wodurch die Carlisten unterliegen.

Vern (Ortschaft in Holland). Seeschlacht am 4. Juli 1351 zwischen den Kabeljaus und Hoekschen*).

Verneuil (Stadt im französischen Departement Eure). Schlacht am 17. August 1424 zwischen den Engländern unter

---

*) Die Kabeljaus waren Anhänger des Grafen Wilhelm IV. von Holland, Hoekschen dagegen Anhänger seiner Mutter.

dem Herzog von Bedfort und den Franzosen unter dem Herzog von Alençon.

Verona (Stadt und Festung in der Lombardei). Schlacht am 29. Juli 102 vor Christi Geburt zwischen den Römern und Cimbrern. — Congress vom 20. October bis 14. December 1822.

Versailles (Stadt bei Paris). Friede am 3. September 1783 zwischen den 13 Provinzen von Nord-Amerika, die ihre Selbstständigkeit erhalten, und zwischen Frankreich. — Eröffnung der Versammlung der Reichsstände am 4. Mai 1789. — Ludwig XVI. wird vom Volke aus Versailles nach Paris gebracht am 7. October 1789.

Vervins (Stadt im französischen Departement Airen). Friede am 2. Mai 1598 zwischen König Heinrich IV. von Frankreich und König Philipp von Spanien. (Letzteres muss seine Eroberungen an Frankreich zurückgeben.)

Vesvar (Ortschaft in der Türkei). Friede am 10. August 1664 zwischen Oesterreich und der Türkei.

Viesins (Ortschaft im französischen Departement Loire-Inférieure). Schlacht am 4. März 1794 zwischen den Republikanern unter Turreau und den Vendéern unter Huché. — Zweite Schlacht am 9. März 1794 zwischen den Vendéern unter Grignon und den Republikanern unter Turreau.

Viana (Stadt in der spanischen Provinz Navarra). Schlacht am 7. September 1834 zwischen den Carlisten unter Zumala-Carreguy und den Christinos unter Rodil.

Vigevano (Stadt im sardinischen Fürstenthum Piemont). Friede am 7. October 1695 zwischen Frankreich und Savoyen. — Schlacht am 21. März 1849 zwischen den Oesterreichern unter Radetzky und den Sardiniern unter König Karl Albert.

Vigo (Stadt in der spanischen Provinz Galicia). Seeschlacht am 23. October 1702 zwischen der englischen Flotte unter Roke und der spanisch-französischen Flotte unter dem Grafen Château-Renaud.

Vihiers (Stadt im französischen Departement Maine-et-Loire). Schlacht am 6. Juni 1793 zwischen den Vendéern unter Piron und den Republikanern unter Chabot.

Viksburg (Ortschaft in Nordamerika). Schlacht am 16. Mai 1863 zwischen den Unionisten unter General Grant und den Conföderirten unter General Pemperton.

Világos (Marktflecken im ungarischen Comitat Arad). Capitulation vom 13. August 1849: Goergei ergiebt sich auf Gnade und Ungnade dem russischen General Ruediger.

Villach (Stadt im illyrischen Gubernium Laibach). Schlacht im J. 1492 zwischen den Kaiserlichen und den Türken unter Bajazet II.

Villafranca (Marktflecken bei Verona in der Lombardei). Zusammenkunft des Kaisers von Oesterreich mit dem Kaiser der Franzosen am 14. Juli 1859. — Friede am 12. Juli 1859 zwischen Frankreich, Sardinien und Oesterreich. (Letzteres tritt die Lombardei bis zur Mincio-Linie an Frankreich ab. Frankreich cedirt die Lombardei an Sardinien.)

Villanuova (Ortschaft am Alphonflusse in Piemont?). Gefecht am 15. November 1813 zwischen den Oesterreichern unter Hiller und den Franzosen.

Villa viciosa (Dorf in der spanischen Provinz Guadalaxara). Schlacht am 10. December 1710 zwischen den Spaniern der Partei Philipp's V. unter Vendôme und den Anhängern König Karl III. unter Stahremberg.

Villa viçosa (Stadt in der portugiesischen Provinz Alemtejo). Schlacht im J. 1655 zwischen den Portugiesen unter Caracena und den Spaniern unter Don Juan d'Austria.

Villers-Cotterets (Stadt im französischen Departement Aisne). Gefecht den 28. Juni 1814 zwischen den Alliirten unter Ziethen und den Franzosen unter Grouchy.

Villers-en-Couchie (Dorf bei Cambrai im französischen Departement Nord). Gefecht am 26. April 1795 zwischen den Franzosen und Oesterreichern.

Villinghausen (Dorf bei Hem im Fürstenthum Lippe-Detmold). Schlacht am 16. Juli 1761 zwischen den Alliirten unter Herzog Ferdinand von Braunschweig und den Franzosen unter Broglio.

Villmargen (Dorf im schweizer Canton Aargau). Schlacht am 18. Januar 1656 zwischen den Luzernern und Bernern. — Zweite Schlacht am 25. Juli 1712 zwischen den reformirten und der katholischen Schweiz. — Gefecht am 11 Juli 1841 zwischen den Regierungstruppen des Cantons Aarau und den katholischen Bauern.

Vilshofen (Marktflecken in Nieder-Bayern). Gefecht am 30. September 1703 zwischen den Oesterreichern unter General Kriechbaum und den bayerschen Insurgenten.

Vimeira (Villa in der portugiesischen Provinz Estremadura). Schlacht am 21. August 1808 zwischen den Engländern unter Wellington und den Franzosen unter Soult.

Vimereux (Fischerdorf bei Boulogne-sur Mer). Landung und Putsch des aus Greenwich angekommenen Prinzen Louis Napoleon am 6. August 1840, der hier verhaftet und nach Ham abgeführt ward.

Vinaros (Stadt in der spanischen Provinz Valencia). Schlacht am 9 (?) November 1810 zwischen den Franzosen unter Musnier und den Spaniern.

Viterbo (Stadt im Kirchenstaat). Vertrag vom J. 1715 zwischen Papst Leo XII. und König Franz I. von Frankreich, welchem darin der Besitz von Mailand zugesichert ward.

Vittoria (Hauptstadt der spanischen Provinz Alava). Schlacht im J. 1367 zwischen Peter dem Grausamen von Castilien und dem schwarzen Prinzen. — Schlacht am 21. Juni 1813 zwischen den Engländern unter Wellington und dem spanisch-französischen Heere unter Jourdan.

Vitry (Ortschaft im französischen Departement Marne). Schlacht am 26. Januar 1814 zwischen den Franzosen unter Napoleon und den Verbündeten unter Bluecher.

Viuf (Dorf im jütländischen Stift Ribe). Gefecht am 7. Mai 1849 zwischen den Preussen unter Hirschfeld und den Dänen unter Rye.

Volta (Marktflecken in der lombardisch-venezianischen Provinz Mantua). Gefechte am 26. und 27. Juli 1848 zwischen den Oesterreichern unter Feldmarschall-Lieutenant d'Aspre und den Piemontesen.

Voltri (Marktflecken im sardinischen Herzogthum Genua). Schlacht am 18. April 1800 zwischen den Franzosen unter Masséna und den Oesterreichern unter Melas.

Vossem (Dorf in der belgischen Provinz Lüttich). Neutralitäts-Vertrag vom 10. Juli 1673 zwischen Frankreich und Kur-Braunschweig.

W.

Wachau (Dorf bei Leipzig). Hauptpunkt der Schlacht bei Leipzig am 16. October 1813.

Wackenitz, siehe **Wakenitz**.

Waghaeusel (Dorf im badischen Unterrheinkreis). Gefecht am 21. und 22. Juni 1849 zwischen den Preussen und den badischen Insurgenten unter Mieroslawski.

Wagram (Dorf bei Wien). Schlacht am 5. und 6. Juli 1809 zwischen den Franzosen unter Napoleon und den Oesterreichern unter Erzherzog Karl.

Wahlstadt (Dorf bei Liegnitz in Schlesien). Schlacht am 8. April 1241 zwischen den Mongolen unter Tamerlan und Herzog Heinrich von Liegnitz. (Vergleiche Katzbach.)

Waitzen oder **Vacs** (Stadt im Pesther Comitat in Ungarn). Schlacht am 27. Juni 1848 zwischen den Oesterreichern unter Herzog Leopold von Lothringen und den Türken. — Zweite Schlacht am 8. April 1849 zwischen den Ungarn unter Dembinski und den Oesterreichern unter Csorich. — Gefechte am 16 und 17. Juli 1849 zwischen den Russen unter General Sass und den Ungarn unter Goergei.

Wakefield (Marktflecken in der englischen Grafschaft York). Schlacht am 24. December 1460 zwischen den Königlichen unter dem Grafen von Northumberland und dem Herzog Richard von York, der auf dem Schlachtfelde blieb.

Wakenitz (Dorf bei Wismar in Mecklenburg-Schwerin). Schlacht am 20. December 1712 zwischen den Schweden unter General Stenbock und den Dänen.

Walcourt (Stadt in der belgischen Provinz Namur). Schlacht im J. 1684 zwischen den Engländern unter Marlborough und den Franzosen.

Wallhof (Dorf in Livland). Schlacht im J. 1626 zwischen den Schweden unter König Gustav II. Adolph und den Polen.

Warschau (Hauptstadt des Königreichs Polen) Schlacht am 18., 19. und 20. Juli 1656 zwischen dem schwedisch-brandenburgischen Heere und dem polnischen unter König Johann II. Kasimir. — Friede am 24. November 1705 zwischen König Karl XII. von Schweden und dem von ihm eingesetzten, von August II. aber nicht anerkannten König Stanislaus Lesczinski von Polen. — Friede im J. 1711 zwischen König August II. und den Conföderirten. — Vertrag vom J. 1734 zwischen Russland, England, Holland und Polen. — Quadrupel-Allianz am 8. Januar 1745 zwischen denselben Mächten.

— Eröffnung des polnischen Reichstags am 6. October 1788.* — Ausbruch der Revolution am 21. November 1830. — Schlacht am 8. September 1831 zwischen den Russen und Polen: Warschau ergiebt sich den Russen. — Beginn des neuen polnischen Aufstands am 22. Januar 1863. — Langiewicz wird zum Dictator Polens ernannt am 10. März 1863.

Wartburg (Bergschloss bei Eisenach in Sachsen-Weimar). Martin Luther, vom Wormser Reichstage geächtet, wird hier auf Befehl des Kurfürsten Friedrich des Weisen von Sachsen am 4. Mai 1521 gefangen genommen und bleibt daselbst in Haft bis zum 6. März 1522. — Wartburgfest der deutschen Burschenschaft am 18. October 1817.

Wartenburg (Dorf im preussischen Regierungsbezirk Merseburg). Schlacht am 3. October 1813 zwischen den Preussen unter York und den Franzosen unter Bertrand.

Wascha (Fluss bei Rjäsan in Russland). Schlacht am 11. August 1378 zwischen den Russen unter Dimitri IV. und den Tataren unter Mamai Khan.

Waterloo und Belle-Alliance (Ortschaft bei Brüssel). Schlacht am 18. Juni zwischen den Engländern und Preussen unter Wellington und Bluecher und den Franzosen unter Napoleon.

Wattignies (Dorf bei Maubeuge im französischen Departement Nord). Schlacht am 15. und 16. October 1793 zwischen den Franzosen unter Jourdan und den Oesterreichern unter Clerfayt.

Wavre (Stadt in der belgischen Provinz Süd-Brabant). Schlacht am 18. Juni 1815 zwischen den Franzosen unter Grouchy und den Preussen unter Thielemann (Erfolg unentschieden).

Wawer (Dorf am rechten Ufer der Weichsel). Schlacht am 19. und 20. Februar 1832 zwischen den Russen unter Diebitsch und den Polen.

Weden (Hauptstadt Schamyl's im Kaukasus). Einnahme dieser Stadt am 13. April 1859 durch die Russen unter General-Lieutenant Jewdokimoff.

Wehlau (Stadt im preussischen Regierungsbezirk Königsberg). Vertrag vom 19. September 1657, in welchem König Johann II. Kasimir von Polen dem Kurfürsten Friedrich Wilhelm von Brandenburg die Souverainetät über Ostpreussen zugesteht.

Weidelbach (Dorf im nassau'schen Amte Dillenburg). Gefecht am 4. November 1813 zwischen den Verbündeten und Franzosen.

Weil (Dorf bei Lörrach im badischen Oberrheinkreise). Schlacht am 14. October 1702 zwischen den Franzosen unter Villars und dem Markgrafen Ludwig von Baden (Erfolg unentschieden).

Weinsberg (Stadt im württembergischen Neckarkreis). Schlacht am 21. December 1140 zwischen Kaiser Konrad III. und den Guelfen unter Welf VI.

Weisse Berg (bei Prag). Schlacht am 8. November 1620 zwischen den Kaiserlichen unter Tilly und dem Heere des sogenannten Winterkönigs, Friedrich V. von der Pfalz.

Wellkijo-Luki (Hauptstadt im russischen Gouvernement Skow). Schutz- und Trutz-Bündniss vom 20. Juli 1812 zwischen Russland und den spanischen Cortes.

Werben (Marktflecken im preussischen Regierungsbezirk Stettin). Friede im J. 1005 zwischen Kaiser Heinrich II. und den Slaven.

Werelä (Dorf im finnischen Län Nyland). Friede am 14. August 1790 zwischen der Kaiserin Katharina II. von Russland und dem König Gustav III. von Schweden.

Werschez (Ortschaft im Banat). Schlacht am 17. December 1848 zwischen den Türken und Ungarn.

Westminster (Stadttheil von London). Subsidien-Vertrag vom 11. Januar 1757 zwischen England und Preussen. (Ersteres erhielt eine Milion Reichsthaler für 20,000 Mann, die es zur Vertheidigung Hannovers zu stellen hatte.)

Wetzlar (Stadt im preussischen Regierungsbezirk Koblenz). Schlacht am 15. Juni 1796 zwischen den Oesterreichern unter Erzherzog Karl und den Franzosen unter Jourdan.

Wiassma, siehe **Wjasma**.

Wiborg (Stadt in Jütland). Schlacht im J. 1150 zwischen den dänischen Gegenkönigen Sueno III. und Kanut E. — Reichstag, eröffnet am 23. Januar 1396: König Erich von Schweden wird als König von Dänemark und Margarethe als Regentin bis zu dessen Volljährigkeit eingesetzt.

Wien (Hauptstadt des Kaiserthums Oesterreich). Concordat vom 2. Mai 1448 zwischen Papst Nikolaus V. und Kaiser Friedrich III. — Pragmatische Sanction (neues oesterreichisches Erbfolgegesetz), gegeben vom Kaiser Karl VI. am 19. April 1713. — Toleranz-Edict Kaiser Joseph's II. vom 22. Juni 1781. — Aufhebung der Leibeigenschaft

Wien.

in Oesterreich am 1. November 1781. — Zusammenkunft Kaiser Joseph's II. mit Papst Pius VI. (Ankunft des Letztern in Wien am 22. März 1782, Abreise desselben am 22. April 1782.) — Kaiser Franz II. erklärt sich zum Erbkaiser von Oesterreich am 10. August 1804. — Staatsbankerott von 848 Millionen Gulden, declarirt am 15. März 1811. — Congress*)

---

*) Wir geben hier ein vollständiges Verzeichniss aller Souveraine, sowie aller hervorragenden Staatsmänner u. s. w. die diesem Congresse beigewohnt haben.

1) Kaiser Alexander I. von Russland und dessen Gemahlin (angelangt am 25. September 1814); 2) König Friedrich Wilhelm III. von Preussen (angekommen am 25. September); 3) König Maximilian Joseph von Bayern und dessen Gemahlin (28. September); 4) König Friedrich I. von Württemberg (23. September); 5) König Friedrich VI. von Dänemark (23. September); 6) Herzog Karl August von Sachsen-Weimar und dessen Gemahlin; 7) Grossfürstin-Herzogin Katharina Pawlowna von Oldenburg.

Von Prinzen waren gegenwärtig: 8) Prinz Wilhelm von Preussen; 9) Prinz Karl von Bayern; 10) Prinz Wilhelm von Württemberg; 11) Prinz Friedrich Karl Ludwig von Holstein-Beck.

Staatsleute: Von Russland 12) Karl Robert, Graf v. Nesselrode, Staatssecretair der auswärtigen Angelegenheiten; 13) Graf Nikolai Rasumowsky und Graf Otto Magnus v. Stackelberg.

Von Frankreich: 14) Charles Maurice, Prince de Talleyrand-Périgord; 15) Emmerich-Joseph, Duc de Dalberg; 16) Louis, Comte de Latour du Pin; 17) Alexis, Comte de Noailles.

Von England: 18) Robert Stewart, Viscount Castlereagh; 19) William Shaw, Lord Cathcart (englischer Gesandter in Petersburg); 20) Lord Clancarthy (Gesandter im Haag); 21) Lord Charles Stewart (Castlereagh's Bruder und Botschafter in Wien).

Von Preussen: 22) der Staatskanzler Karl August, Fürst von Hardenberg und 23) Wilhelm, Freiherr von Humboldt.

Von Bayern: 24) Feldmarschall Karl Philipp, Fürst Wrede.

Von Württemberg: 25) Georg Ernst, Graf v. Wintzingerode und 26) Franz Joseph Peter, Reichsfreiherr v. Linden.

Von Schweden: 27) Graf Gustaf Loewenhjelm, Gesandter in Petersburg..

Von Spanien: 28) Don Pedro Gomez Labrador, Grand von Spanien und Staatsrath im Ministerium der auswärtigen Angelegenheiten.

Von Portugal: 29) Conde Palmella-Souza-Holstein (Gesandter in London); 30) Graf Saldanha de Gama (Gesandter in

vom 1. November 1814 bis 15. Juni 1815. — Volksaufstand am 13. März 1848. —

Petersburg) und 31) der Ritter Lobo da Silveira (designirter Gesandter in Wien).

Das Königreich Sachsen war nicht vertreten. In diesem Ausschusse führte Freiherr Karl v. Martens das Protokoll.

Von Oesterreich: 32) Clemens Wenzel Nepomuk Lothar, Fürst von Metternich-Winneburg, 33) Johann Philipp, Freiherr v. Wessenberg-Ampringen (Gesandter in London) und 34) Hofrath Friedrich v. Gentz (Protokollführer).

Anfangs October erschien in Wien u. d. Titel „Guide des étrangers à Vienne pendant le congrès, contenant les noms des Souverains, présents dans cette capitale, ainsi que ceux des Ministres et Chargés d'affaires des différentes cours auprès de celle de Vienne au mois d'Octobre 1815, avec l'indication des rues et numéros des maisons qu'ils habitent", ein Buch, worin die Wohnungen aller Fremden angezeigt waren. Nach diesem jetzt ausserordentlich rar gewordenen „Guide" wohnten in der Hofburg zwei Kaiser (Franz und Alexander), zwei Kaiserinnen (die Kaiserin Maria Theresia von Oesterreich und die Kaiserin Elisabeth von Russland), vier Könige, eine Königin (Karoline von Bayern), ein kaiserlicher und ein königlicher Kronprinz (Erzherzog Ferdinand von Oesterreich und Wilhelm von Württemberg), zwei königliche Prinzen (Prinz Wilhelm von Preussen und Prinz Karl von Bayern), zwei Grossfürstinnen (Louise von Weimar und Katharina Pawlowna von Oldenburg.) Der Herzog Karl August von Sachsen-Weimar wohnte am Rothenthurmthore.

Von den oben erwähnten Koryphäen des Congresses wohnte Fürst Metternich auf dem Ballplatze, Fürst Talleyrand auf dem Minoritenplatze, Fürst Hardenberg auf dem Graben und Viscount Castlereagh im „Auge Gottes" am Sanct-Peter. (Letzterer musste für zwölf Zimmer daselbst monatlich 500 Pf. St. Miethe zahlen.)

Die Verhandlungen des Congresses, welche am 1. October hätten beginnen sollen, wurden bis zum 1. November hinausgeschoben, eine Verzögerung, die den oesterreichischen Feldmarschall Prinzen de Ligne zu dem Bonmot veranlasste: „Le Congrès danse, mais il ne marche pas". — Zu keiner andern Zeit hatte Wien einen grösseren Zusammenfluss weiblicher Schönheiten aufzuweisen, als zur Zeit des Congresses. General Karl v. Nostiz, Adjutant des Prinzen Louis Ferdinand von Preussen, zählt in seinem „Leben und Briefwechsel" (Leipzig 1848. 8.) einen Kranz von Damen auf, welche durch den Glanz ihrer Schönheit alle Andern verdunkelten. Der Kaiser Alexander von Russland bezeichnete darunter sechs Damen als Schönheiten ersten Ranges: Gräfin Karoline Széchényi als „beauté co-

Flucht des Fürsten Metternich am 14. März 1848. Ankunft desselben in London am 20. April 1848. — Aufstand am 6. und 7. October 1848: Flucht Kaiser Ferdinand's, der Kaiserin und der Erzherzogin Sophie von Schönbrunn nach Olmütz am 7. October 1848. — Concordat vom 18. August 1855 zwischen Papst Pius IX. und Kaiser Franz Joseph. — Friede am 30. October 1864 zwischen Oesterreich, Preussen und Dänemark; welches seine Rechte auf Schleswig und Holstein, wie auf Lauenburg, an Oesterreich und Preussen abtritt.

Wiesbaden (Hauptstadt des Herzogthums Nassau). Zusammenkunft am 10. August 1860 zwischen König Leopold II. von Belgien und König Wilhelm III. von Holland.

Wiesloch (Stadt im badischen Unterrheinkreise). Schlacht am 29. April 1622 zwischen Mansfeld und Tilly. — Schlacht am 16. August 1633 zwischen den Schweden unter Horn und den Kaiserlichen unter Montecucculi.

Wilmanstrand (Stadt in Finland). Schlacht am 3. September 1741 zwischen den Russen unter Lascy und den Schweden unter Wrangel.

Wilna (Stadt in Weissrussland). Tractat vom 28. November 1561, worin Livland von Schweden an Russland abgetreten wird.

Wimpfen (Stadt in Württemberg). Schlacht am 6. Mai 1622 zwischen den Kaiserlichen unter Tilly und dem Markgrafen Georg Friedrich von Baden. — Zweite Schlacht im J. 1796 zwischen den Oesterreichern und Franzosen.

Windsor (Schloss bei London). Zusammenkunft zwischen König Ludwig Philipp und der Königin Victoria am 18. October 1844. — Zusammenkunft am 30. November 1855 der Königin Victoria mit König Victor Emanuel von Sardinien.

Winendall (Jagdschloss zwischen Lille und Ostende). Gefecht am 28. September 1708 zwischen den Engländern unter General Webb und den Franzosen unter General La Mothe.

Winterthur (Stadt in der Schweiz).

Schlacht am 27. Mai 1799 zwischen den Oesterreichern unter Erzherzog Karl und den Franzosen unter Masséna.

Wissniowiec (Ortschaft in Polen). Schlacht im J. 1512 zwischen den Polen unter König Sigismund I. und den Tataren.

Wittenberg (Stadt im preussischen Regierungsbezirk Merseburg). Vertrag vom 25. Februar 1423 zwischen Brandenburg und Sachsen (Ersteres entsagt seinen Ansprüchen auf Letzteres). — Beginn der Reformation: Martin Luther schlägt am 31. October 1517 an die Schlosskirche 95 Sätze gegen das Papstthum an.

Wittenweiler (Dorf bei Ettenheim im badischen Oberrheinkreise). Gefechte am 29. Juli, 11. August, 5. und 22. September und 1. November 1637 zwischen Herzog Bernhard von Sachsen-Weimar und den Kaiserlichen unter Jean de Weert. — Zweite Schlacht am 3. August 1638 zwischen Herzog Bernhard von Sachsen-Weimar und den Kaiserlichen unter Feldmarschall Götz und General Savelli.

Wittstock (Stadt im preussischen Regierungsbezirk Potsdam). Schlacht am 24. September 1636 zwischen den Schweden unter Banér und den Kaiserlichen unter Hatzfeldt.

Wjasma (Stadt im russischen Gouvernement Smolensk). Friede im J. 1634 zwischen Russland und Schweden. — Schlacht am 3. November 1812 zwischen den Russen unter Miloradowitsch und den Franzosen unter Davout.

Wladikawkas (Stadt im Kaukasus). Schlacht am 11. August 1858 zwischen den Russen unter General-Major Mischtschenko und den Tscherkessen unter Schamyl.

Wörgl (Dorf zwischen Salzburg und Innsbruck). Gefecht am 13. Mai 1809 zwischen den Bayern und den Oesterreichern unter Chasteler.

Woeringen oder Worringen (Marktflecken bei Köln am Rhein). Schlacht am 5. Juni 1255 zwischen den Brabantern unter dem Grafen Adolph VII. von Berg und den Bürgern von Köln und dem Kölner Erzbischof Siegfried von Westerburg.

Wogastiburg (ehemalige Feste im Lande der Wenden). Dreitägige Schlacht im J. 630 zwischen den Wenden und den Franken unter König Dagobert I.

Wokronin (alte Stadt im Magdeburg'schen). Schlacht im J. 934 zwischen Kaiser Heinrich I. und den Ungarn unter Zollan.

---

quette", Gräfin Sophie Zichy als „beauté triviale", Fürstin Rosine Eszterházy als „beauté étonnante", Gräfin Julie Zichy als „beauté céleste", Gräfin Sauerma als „beauté du diable" und die Fürstin Gabriela Auersperg als „beauté qui inspire seule du vrai sentiment". Letztere durfte auf das Urtheil um so stolzer sein, weil Kaiser Alexander I. in diesem Punkte ein höchst competenter Richter war.

Wolfshalden (Dorf im schweizer Canton Appenzell). Schlacht im J. 1405 zwischen den Appenzellern und den Oesterreichern.

Wolkowysk (Stadt im russischen Gouvernement Grodno). Gefecht am 16. November 1812 zwischen den Franzosen unter Regnier und den Russen unter Sacken.

Wollmirstaedt (Stadt im preussischen Regierungsbezirk Merseburg). Schlacht am 17. Juli 1631 zwischen den Schweden unter König Gustav Adolph II. und den Kaiserlichen unter Tilly.

Woplanken (Ortschaft in Litthauen). Schlacht im J. 1311 zwischen den deutschen Rittern unter dem Landmeister Heinrich v. Ploetzke und den Litthauern unter dem Grossfürsten Witten.

Worcester (Hauptstadt der gleichnamigen Grafschaft in England). Schlacht am 3. September 1651 zwischen Cromwell und den Anhängern Karl's II. unter dem Prinzen Rupert von der Pfalz.

Wordingborg (Stadt in der dänischen Provinz Seeland). Friede am 17. December 1317 zwischen König Erich II. von Dänemark und Waldemar von Brandenburg.

Worms (Stadt in Hessen-Darmstadt). Friede und Concordat vom 23. September 1122 zwischen Papst Calixtus II. und Kaiser Heinrich V. — Edict vom 8. Mai 1521, wodurch über Martin Luther die kaiserliche Achtserklärung ausgesprochen wurde. — Disputation am 14. Januar 1541 zwischen Melanchthon und Dr. Eck. — Tractat vom 17. September 1743 zur Erneuerung des Offensiv-Bündnisses zwischen England, Savoyen und Ungarn.

Wronow (Ortschaft in Polen). Schlacht am 17. April 1831 zwischen den Russen unter Witt und Kreutz und den Polen unter Sierawski.

Wuerzburg (Stadt in Bayern). Convent der katholischen Liga am 9 (?) December 1610.

Wurschen (Dorf in der Ober-Lausitz). Schlacht am 21. Mai 1813 (vergleiche Bautzen).

Wurzach (Stadt in Württemberg). Schlacht am 14. April 1525 zwischen den schwäbischen Bundestruppen und den aufständischen Bauern.

Wusterhausen (Stadt im preussischen Regierungsbezirk Potsdam). Vertrag vom J. 1726 zwischen Preussen und Oesterreich.

Wye (Fluss in der englischen Grafschaft Brecknock). Schlacht im J. 1282 zwischen den Engländern unter König Eduard I. und dem Fürsten Liewellhyn von Wales.

Wysokahora (Ortschaft in Mähren (?). Schlacht am 25. April 1142 zwischen dem Markgrafen Konrad II. von Mähren und dem Könige Wladislaw II. von Böhmen.

X.

Xanten (Stadt im preussischen Regierungsbezirk Düsseldorf). Vergleich vom 12. December 1614 zwischen dem Kurfürstenthum Brandenburg und Pfalz-Neuburg bezüglich ihrer Erbansprüche auf Jülich, Cleve und Berg.

Xeres de la Frontera (Stadt in der spanischen Provinz Cadix). Schlacht im J. 712 zwischen den Sarazenen unter Tarik und den Westgothen unter König Roderich.

Xeres de la Guadiana (Stadt im spanischen Bezirk Badajoz). Schlacht im J. 1235 zwischen König Ferdinand III. von Castilien und den Mauren unter Abenhut.

Xions (Stadt im preussischen Grossherzogthum Posen). Schlacht am 29. April 1848 zwischen den Preussen unter Oberst v. Brandt und den polnischen Insurgenten.

Y.

Yeddo (Stadt im Kaiserreich Japan). Vertrag vom 9. October 1858 zwischen Frankreich und Japan.

Yorktown (Stadt im nordamerikanischen Staate Virginien). Schlacht am 19. October 1791 zwischen den Nordamerikanern unter Washington und den Engländern unter Clinton.

Ysly (Stadt im Kaiserthum Marocco). Schlacht am 17. August 1844 zwischen den Franzosen unter Marschall Bugeaud und den Maroccanern unter Abd-el-Kader.

Z.

Zahna (Stadt im preussischen Regierungsbezirk Merseburg). Gefecht am 5. September 1813 zwischen den Franzosen und Alliirten.

Zama (Stadt in Numidien). Schlacht am 19. October 212 vor Christus zwischen den Römern unter Publius Cornelius Scipio und den Carthaginensern unter Hannibal.

Zarrentin (Marktflecken im Herzogthum

Zehdenik —— Zusmarkhausen.

Mecklenburg-Schwerin). Gefecht am 2. September 1813 zwischen den Franzosen und Verbündeten.

Zehdenik (Stadt im preussischen Regierungsbezirk Potsdam). Gefecht am 26. October 1806 zwischen den Franzosen und Preussen.

Zeituni (Ortschaft in der europäischen Türkei). Schlacht am 1. Juni 1824 zwischen den Griechen und Türken.

Zela (Ortschaft in Pontus). Schlacht am 2. August 47 vor Christus zwischen Julius Caesar und Pharnaces II., König von Pontus.

Zemarim (Stadt im Gebiete Ephraim). Schlacht im J. 956 vor Christus zwischen König Abia von Juda und König Jerobeam I. von Israel, welcher darin 500,000 seiner Krieger verloren haben soll.

Zentha, siehe **Saenta**.

Zepse (Ortschaft in Bosnien). Schlacht am 30. October 1850 zwischen den Türken unter Omer Pascha und den Insurgenten von Bosnien.

Zetel (Dorf im Oldenburgischen). Friede im J. 1517 zwischen dem Grafen Johann XIV. von Oldenburg und dem Grafen Edgard von Ostfriesland.

Zeven (Marktflecken im hannover'schen Herzogthum Bremen). Capitulation vom 8. September 1757 zwischen den Hannoveranern und Franzosen.

Znaim (Stadt in Mähren). Treffen am 10. und 11. Juli 1809 zwischen den Franzosen unter Marmont und den Oesterreichern unter Erzherzog Karl. — Waffenstillstand am 12. Juli 1809 zwischen den Franzosen und Oesterreichern.

Zorndorf (Dorf im preussischen Regierungsbezirk Frankfurt an der Oder). Schlacht am 25. August 1758 zwischen den Preussen unter König Friedrich II. und den Russen unter General Fermor.

Zuellichau (Stadt im preussischen Regierungsbezirk Frankfurt an der Oder). Schlacht am 23. Juli 1759 zwischen den Russen unter Soltikoff und den Preussen unter Wedell.

Zuelpich (Stadt im preussischen Regierungsbezirk Köln). Schlacht im J. 496 zwischen den Franzosen unter Chlodwig und den Alemannen unter Sigibert. — Zweite Schlacht im J. 612 zwischen Theodorich und seinem Bruder Theodebert II. von Austrasien.

Zuerich (Hauptstadt des gleichnamigen Cantons in der Schweiz). Schlacht am 4. und 5. Juni 1799 zwischen den Oesterreichern unter Erzherzog Karl und den Franzosen unter Masséna. — Zweite Schlacht am 25. September 1799 zwischen den Franzosen unter Masséna und den Russen unter Korsakoff.

Zurawno (Ortschaft in Podolien). Friede am 27. October 1676 zwischen dem Könige Johann Sobieski von Polen und den Türken unter dem Grosswesir Achmed Kiuperli.

Zusmarkhausen (Marktflecken im bayerschen Kreise Schwaben.) Schlacht am 7. Mai 1648 zwischen den Schweden und Franzosen unter Wrangel und Turenne und den Oesterreichern unter Melander (welcher hier sein Leben verlor) und Gronsfeld.

Nachtrag.

Berlin (Hauptstadt des Königreichs Preussen). Unterzeichnung des Allianz-Vertrags zwischen Preussen und Italien am 8. April 1866. — Friede am 13. August 1866 zwischen Preussen und Württemberg, welches an Ersteres 8 Millionen Gulden Kriegsentschädigung zahlt. — Zweiter Friede am 17. August 1866 zwischen Preussen und Baden, das an Ersteres 6 Millionen Gulden Kriegsentschädigung zu zahlen hat. — Dritter Friede am 22. August 1866 zwischen Preussen und Bayern, welches an Ersteres 30 Millionen Gulden zahlen muss. — Vierter Friede am 3. September 1866 zwischen Preussen und Hessen-Darmstadt, welches an Ersteres 3 Millionen Gulden zahlt. — Fünfter Friede am 21. October 1866 zwischen Preussen und Sachsen, welches an Ersteres 10 Millionen Thaler zu zahlen hat. (Vergl. **Prag**.)

Druck von Breitkopf und Härtel in Leipzig.

LEIPZIG: VERLAG VON LUDWIG DENICKE.

MONITEUR DES DATES.

Biographisch-genealogisch-historisches Welt-Register

enthaltend

die Personal-Akten der Menschheit

d. h. den Heimaths- und Geburts-Schein, den Heiraths-Akt und Todestag

von

mehr als 100,000 geschichtlichen Persönlichkeiten

aller Zeiten und Nationen

von Erschaffung der Welt bis auf den heutigen Tag

mit zahlreichen Noten aus allen Zweigen der Curiosität

von

Eduard Maria Oettinger,

Verfasser der »Archives historiques«, der »Bibliographie biographique universelle« etc.

Muera el hombre, viva el nombre.
Calderon.

6 Theile in 1 Bande,

gr. 4. dreispaltig gedruckt 1073 Seiten.

Preis 35 Thaler.

Prospectus.

Dieses wegen seiner Reichhaltigkeit mit Recht Aufsehen erregende und in seiner eminenten Nützlichkeit als Nachschlagewerk von den ersten Autoritäten der Gelehrtenwelt rühmlichst anerkannte Werk, die Frucht einer 25jährigen mühevollen und opferfreudigen Thätigkeit Eines Mannes, ist nicht nur in der deutschen, sondern in der aller Nationen ein *Unicum!* „Keine Literatur" — sagt die Neue Preuss. (Kreuz-) Zeitung v. 11. Nov. 1866 — „hat auch nur etwas Aehnliches aufzuweisen!"

Denn Diejenigen, welche bisher theils für sich bestehende Sammlungen von Biographien versucht, theils Universal-Encyklopädien herausgegeben haben, richteten ihr Augenmerk blos auf die bedeutendsten Repräsentanten der Wissenschaft Kunst, Industrie etc., aber selbst bei dieser, oft von sehr subjectivem Ermessen abhängenden, Beschränkung musste man, sobald man gewissenhafte Auskunft suchte, sehr oft Genauigkeit vermissen (s. die Augs'b. Allg. Zeitung v. 17. Mai 1868 No. 138, Beil.).

Indem sich dagegen Oettinger in diesem „*Moniteur des Dates*" — abgesehen von einem „wahren Californien" geschichtlicher Curiositäten und sonstiger höchst interessanter Notizen — auf die gedrängte Angabe der Vor- und Zunamen, der Tage und Jahre der Geburt, resp. des Todes, sowie des Geburts- und Sterbeortes, der Beschäftigung und Stellung bei den im Entwickelungsgange der Menschheit irgendwie bemerkenswerthen und in grössern oder kleinern Kreisen bekannt gewordenen Menschen (bei historisch und genealogisch wichtigen Personen mit Erwähnung der eventuellen Verehelichungen etc.) beschränkt hat, ist es ihm möglich gewesen „zu einer relativen Vollständigkeit zu gelangen, „wie sie bis jetzt" — um mit den Worten des Historikers Prof. Dr. Helbig zu reden — „ohne Beispiel ist."

Kurz, der „*Moniteur des Dates*" bildet für sich allein ein Pantheon, in welchem wohl schwerlich ein Name, ein Datum von irgend welcher Bedeutung vermisst werden wird, „ein wahres Adressbuch der Welt- und Culturgeschichte", welches die so überaus werthvolle „*Bibliographie biographique universelle*" (2. Aufl., Brüssel 1854) des nämlichen Autors noch bei Weitem übertrifft und in gewisser Beziehung zu einem Ganzen ergänzt, welches von Prof. Dr. Förstemann, Oberbibliothekar der k. öffentlichen Bibliothek zu Dresden, treffend als die „Personalakten der Menschheit" bezeichnet worden ist.

Schon das im Vorstehenden nur kurz Angedeutete wird Jedem genügen, um es vollkommen gerecht zu finden, wenn der Prof. Marbach, vom sächs. Cultusministerium mit einem Bericht für die hervorragendsten Erscheinungen der letzten zwanzig Jahre des sächsischen Büchermarktes für die letzte Pariser Weltausstellung beauftragt, den „*Moniteur des Dates*" ein bewundernswerthes Document deutschen Fleisses und deutscher Ausdauer genannt hat.

Erfährt man nun noch, dass das „Riesenwerk" u. a. auch einen „*Moniteur des Faits*" enthält, d. h. ein nach den Namen der Städte u. s. w. alphabetisch geordnetes Verzeichniss aller geschichtlichen Thatsachen (Schlachten, Friedensschlüsse, Verträge, Congresse, Concilien u. s. w.), ferner eine gleichfalls alphabetisch geordnete Uebersicht aller Verfassungen mit Angabe ihrer Daten, endlich eine vollständige Concordanz des gregorianischen und des französisch-republikanischen Kalenders vom 1. *Vendémiaire* 1792 bis zum 10. *Niôse* 1807, sowie als höchst zweckmässige Zugabe eine Tabelle zur Auffindung der Wochentage historischer Daten der christlichen Zeitrechnung von Anno 1 bis 2000, — so wird man wohl dem erfahrenen Hofrath Dr. Grässe beistimmen, wenn derselbe behauptet, dass der „*Moniteur des Dates*" für alle und jede wissenschaftliche Kreise, namentlich aber für Autographen- und Porträtsammler, Historiker, Bibliothekare, Journalisten etc., kurz für Jeden, der sich mit irgend einem Zweige des menschlichen Wissens und der Geschichte desselben speciell beschäftigt, geradezu **unentbehrlich** ist.

Der „Moniteur des Dates" ist durch alle Buchhandlungen zu beziehen.

Leipzig: Verlag von Ludwig Denicke.